DELIUS KLASING

Lars Boysen

Finisher

Das Böse lauert überall …

Delius Klasing Verlag

Lars Boysen ist fest entschlossen, noch viele
weitere Radrennen zu fahren und jetzt auch zu dominieren.
Ob und wie es ihm gelingt,
können Sie unter www.rad-finisher.de verfolgen.

Bibliografische Information Der Deutschen Bibliothek
Die Deutsche Bibliothek verzeichnet diese Publikation in der
Deutschen Nationalbibliografie; detaillierte bibliografische
Daten sind im Internet über »http://dnb.ddb.de« abrufbar.

1. Auflage
ISBN 3-7688-5225-3

Umschlaggestaltung: Buchholz/Hinsch/Hensinger, Hamburg –
unter Verwendung eines Motives von Live Sportphotos, Oberasbach
Druck: GGP Media GmbH, Pößneck
Printed in Germany 2005

Delius Klasing Verlag, Siekerwall 21, D - 33602 Bielefeld
Tel.: 0521/559-0, Fax: 0521/559-115
E-Mail: info@delius-klasing.de
www.delius-klasing.de

Inhalt

Der Patron (1)

»Doppelreihe!«
Sie gehorchten und fuhren nebeneinander.
»Schalt mal einen Gang runter da und fahr ne höhere Frequenz!«

Der angesprochene Fahrer schaltete einen Gang herunter und trat schneller.

»Kürzer führen vorne!«

Sie gingen zur Seite raus und ließen sich nach hinten zurückfallen.

Gerd war der Chef im Peloton. Wenn Gerd etwas sagte, dann war das Gesetz. Gerds Autorität war hier mit Sicherheit höher als die Armstrongs unter den Profis.

»Du brauchst nicht führen, geh mal lieber nach hinten, lutschen.«

Der Neuling ließ sich aus der zweiten Reihe wieder ans Ende fallen.

Gerd war der von allen unangezweifelte Experte. Er war der Patron der hiesigen RTF-Szene. Und so wie Armstrong durch das dauerhafte Tragen des Gelben Trikots zu seiner Stellung gekommen war, so kam Gerd durch das Finisher-Trikot der Jeantex/Tour-Transalp 2003 zu Würden! Das Finisher-Trikot war in den Farben Rot, Schwarz und Gelb gehalten, und in großen Buchstaben war auf dem Rücken Gerds unglaubliche Heldentat verewigt: »Finisher – 7 Etappen – 821 km – 19 Pässe – 20 512 Höhenmeter«, stand dort geschrieben.

Nur ab und zu nahm es sich jemand heraus, Gerd direkt auf dieses Trikot anzusprechen. Gerd tat dann immer so, als ob nicht viel dabei gewesen wäre, und als ob der Anfragende selbst diese Tour auch hätte fahren können. Die kamen ganz von alleine darauf, dass sie die nicht hätten fahren können, und dann respektierten sie Gerd um so mehr, weil der sich anscheinend nicht einmal vorstellen konnte, wie schwach doch alle anderen waren.

Und ich war Gerds Kollege. Ich hatte im Peloton nichts zu sagen, aber ich genoss einen gewissen Respekt. Irgendwie strahlten Gerds Leistungen auch auf mich ab. Ich selbst hatte mir im Leben zwar schon so einiges geleistet, aber etwas Großartiges geleistet hatte ich noch nicht. Und so war es auch dieses Mal nicht meine Idee gewesen, sondern es war mehr oder weniger auf mich zugekommen. Gerd suchte nämlich nach einem Teamkollegen für die Jeantex/Tour-Transalp 2004 und hielt mich für den einzigen dafür in Frage kommenden Fahrer in seinem Bekanntenkreis. Mir schmeichelte das zwar, aber im Grunde genommen war ich mir sicher, dass ich auf keinen Fall sieben Tage in Folge und ohne Ruhetag über die Berge fahren könnte. Gerd blieb beharrlich. Er schilderte mir in blumiger Sprache die tollen Erlebnisse während der Tour, erzählte von den Bergen, den Abfahrten und von den unglaublich guten Gefühlen bei der Zielankunft in Garda. Ich konnte mir immer noch wenig unter der Tour vorstellen, aber Gerds Überzeugung begann meine Zweifel Stück für Stück bröckeln zu lassen. Eines Sonntagabends setzte er dann zum finalen Angriff an. Ich hatte den Tag gedanklich schon beendet und dämmerte so vor mich hin, als es an meiner Tür klingelte.

Ich öffnete und sah schon an seinem Gesichtsausdruck, dass es sich um eine hochoffizielle Angelegenheit handelte.

»Willst du immer so weiter leben?«, fragte er mich mit ernster Miene und machte eine abfällige Handbewegung in meine Richtung, als wolle er damit auf meine erbärmliche Existenz hinweisen. »Willst du dich dein ganzes Leben vor den großen Herausforderungen drücken und auf irgendwelchen Radtourenfahrten herumtingeln?!«

Ich wusste dazu nichts zu sagen. Gerd spielte mir gegenüber zwar meistens den antiautoritären 68er, wenn er aber etwas durchsetzen wollte, dann konnte er von einer Sekunde zur anderen zum Oberlehrer der 1950er-Jahre mutieren.

»Oh, ich vergaß«, setzte er nach, »du fährst ja sogar einmal im Jahr wie 14 000 andere auch die HEW-Cyclassics!«

Die HEW-Cyclassics hatte ich bisher immer als Saisonhöhepunkt angesehen. Man fuhr dort auf abgesperrten Straßen, und es gab eine offizielle Zeitmessung. Das Beste daran aber waren die vielen Zuschauer. Zu Tausenden säumten sie die Strecke und spendeten Beifall. Wenn man in Hamburg zwischen all den jubelnden Menschen über die Ziellinie fuhr, dann konnte man schon feuchte Augen bekommen.

»Du solltest dich mal an die großen Brocken heranwagen!«, fuhr Gerd mit seinen Vorwürfen fort. »Es ist ja nicht mit anzusehen, wie du deine Jugend verschenkst! Wie du deine Möglichkeiten ungenutzt lässt! Wie du hier verkümmerst! Wie du dich versteckst!«

Ich fühlte mich wie ein notorischer Hausaufgabenvergesser, der vom Rektor zur Schnecke gemacht wird. Die Anschuldigungen nahmen kein Ende. Gerds Mienenspiel zeigte unmissverständlich, dass er kein Widerwort dulden würde. Er stellte mich und mein Leben dar, als wäre ich das größte auf Erden wandelnde Trauerspiel. Er zeichnete ein Bild von meinem Dasein, das einen wahrhaft bedenklich stimmen konnte.

Dann brachte er es auf den Punkt:

»NUN KOMM DOCH MAL AUS DIR HERAUS!!!«, forderte er mit erhobenem Zeigefinger und sah mir dabei fest in die Augen.

Der Appell hing einige Sekunden unbarmherzig in der Luft, dann änderte sich Gerds Gesichtsausdruck plötzlich und er wechselte geschickt die Strategie.

»Lars! Ich bitte dich! Die größte Herausforderung für einen Rennrad-Fan, die Jeantex/Tour-Transalp, die phänomenalste Alpenüberquerung aller Zeiten – wir müssen daran teilnehmen!«

Er kam jetzt von der ganz anderen Seite. Er bekniete mich, er flehte mich an, er beschwor meine sportliche Ehre.

»Lars! Gemeinsam werden wir das Ding packen! Wir werden uns gegenseitig helfen, uns motivieren, gemeinsam über die Ziellinien rollen und gemeinsam siegen! Wir werden das am besten funktionierende Team der Transalp sein!«

Ich sagte nichts. Ich war völlig hin- und hergerissen. Auf der einen Seite waren mir die lange Anfahrt, die sieben Tage in den Bergen und die

Gemeinschaftsübernachtungen einfach zu viel, auf der anderen Seite hatte Gerd meine Meinung so gut wie überrannt.

Und dann setzte er von einer Sekunde zur anderen diesen freudestrahlenden Gesichtsausdruck auf.

»Ich wusste es!«, fuhr es aus ihm heraus. »HERVORRAGEND! Das wird ein riesiges Erlebnis, das kann ich dir sagen.«

Noch bevor ich irgendetwas sagen konnte, verabschiedete er sich und war genauso schnell verschwunden, wie er gekommen war.

Ich hatte ihm seine Vorführung abgenommen. Ich war auf seine Anschuldigungen hereingefallen und auf seine plötzliche Sinneswandlung zum mich beknieenden Freund. Und zu guter Letzt hatte er mich mit seiner Freude über meine angeblich gegebene Zustimmung übertölpelt. Ich hatte es einfach nicht fertig gebracht, ihm das Spiel zu verderben.

Und jetzt war ich wohl oder übel Gerds B-Fahrer.

Anfahrt

Ich hatte seit einiger Zeit meine Augen geschlossen und horchte in meine Oberschenkel hinein. Sie fühlten sich stark an. Ich hatte in den Monaten seit meiner angeblichen Zusage optimal trainiert und war dementsprechend optimistisch an die Sache herangegangen. Allerdings spürte ich eine deutliche Verspannung im rechten vorderen Oberschenkel. Ich drückte mit den Daumen auf die betroffenen Muskelstränge und fühlte den typischen Schmerz verhärteter Muskeln. Zum Vergleich tastete ich den linken Oberschenkel ab und diagnostizierte die gleichen Symptome. Aber stark waren sie, die Beine, nur wäre es besser, wenn ich nicht gleich in den roten Bereich gehen müsste. Ich öffnete die Augen und blickte auf die acht Meter vor uns fahrende Rückseite eines Reisebusses. Gerd fuhr Windschatten.

»Hauptsache ankommen«, sagte ich, »für mich spielt die Platzierung überhaupt keine Rolle.«

»Ja«, antwortete Gerd betont gleichgültig, »Platzierung ist nichts.«

Recht hatte er. Wer würde schon etwas damit anfangen können, ob wir nun als zweihundertstes oder als vierhundertstes Team abschneiden würden. Für unsere Sportsfreunde zählten die Distanzen und die Höhenmeter. Darunter konnten sie sich in etwa vorstellen, was wir zu leisten hatten; aber die Platzierung? Wer konnte schon sagen, wie gut die anderen Teams sein würden? Schließlich waren sogar Profis angemeldet, und dass man uns mit denen nicht vergleichen durfte, das war ja wohl jedem klar.

Ich schloss wieder die Augen und knetete meine verspannten vorderen Oberschenkel. Die Platzierung sagte gar nichts aus. Wenn unsere daheimgebliebenen Radkollegen einen Anhaltspunkt für meine Leistung finden konnten, dann waren das höchstens die Zeiten von Gerd. Seine Leistungsfähigkeit kannten sie aus eigener Erfahrung, zwischen uns konnten sie einen konkreten Vergleich ziehen. Gerd oder ich. Im Grunde genommen war das auch das Einzige, was sie interessierte. Gerd oder ich, wer würde besser über die Berge kommen? Gerd war mit 51 Jahren weit über sein Höchstleistungsalter hinaus, aber man sollte sich da im Radsport nicht täuschen. Er betrieb den Sport schon erheblich länger als ich und mit jedem Jahr kam erfahrungsgemäß Leistung dazu. Natürlich war ich mit meinen 33 Jahren schon im Vorteil, aber wohl lange nicht so stark, wie es Nichthobbyradsportler annehmen würden. In der Leistungsspitze waren die Jungen zu finden, aber im Breitensport brachten die älteren Jahrgänge unglaubliche Ausdauerleistungen zustande. Und so einer war Gerd.

Ich erinnerte mich an einen Nord-Cup-Marathon, den wir zusammen gefahren waren. Nach 30 Kilometern hatte sich ein spitzer Stein in meinen Grand-Prix-3000-Hinterreifen gebohrt und mich zum Schlauchwechsel gezwungen. Allerdings erwies es sich als unglaublicher Kraftakt, den Mantel von der Felge zu hebeln und vor allem, ihn wieder heraufzubekommen. Gerd war bei mir geblieben und so hatten wir mindestens 15 Minuten verloren. Wahrscheinlich nahmen wir die Fahrt sogar als Schlusslicht des Feldes wieder auf.

Die nächsten 180 Kilometer ins Ziel fuhren wir dann als Duo. Das lag weniger daran, dass wir keine geeignete Gruppe gefunden hätten, als an Gerds immer wieder durchbrechender übermotivierter Fahrweise. Ständig waren wir damit beschäftigt, zu einer vor uns fahrenden Gruppe aufzuschließen, um uns kräftesparend in den Windschatten hängen zu können. Sobald wir aber dran waren, fuhr Gerd nach vorn, zog das Tempo an und sprengte die Gruppe schließlich auseinander. Wenn nichts mehr von ihr übriggeblieben war, visierte er die nächste Gruppe an und wiederholte das Spiel. Natürlich kamen wir auf Grund meiner Panne nicht mehr an die vordersten Gruppen heran, aber ich war mir sicher, dass er auch dort das Tempo unnötig angezogen hätte. Ich hatte den Marathon eigentlich als Grundlagenausdauereinheit nutzen wollen, stattdessen fuhr ich große Teile der 220 Kilometer nahe an der anaeroben Schwelle.

Ich öffnete die Augen. Gerd fuhr jetzt gerade dicht hinter einem Kleintransporter auf der linken Spur.

»Lass uns die erste Etappe ruhig angehen«, sagte ich.

»Ja, auf jeden Fall«, stimmte er mir für seine Verhältnisse erstaunlich leistungsunmotiviert zu.

»Ist ja schwachsinnig, sich gleich kaputtzufahren«, mahnte ich.

»Ne, vollkommener Unsinn, es wird ja eh die Zeit des Langsameren gewertet.«

Ich schloss wieder die Augen und dachte über das Gesagte nach. Bei der Transalp fuhren jeweils zwei Fahrer als Team und die Zeit des langsameren Fahrers galt als Teamzeit. Damit sollte wohl erreicht werden, dass sich die Teamfahrer gegenseitig unterstützen. Bisher hatte mich diese Idee auch beruhigt, aber hatte Gerd nicht gerade eben gesagt, dass eh die Zeit des Langsameren gewertet würde? Hatte er damit nicht indirekt schon gesagt, dass er nicht davon ausging, dass wir zusammen ins Ziel fahren würden? Ich machte mir Sorgen. Bei unserem gemeinsamen Marathon hatte Gerd ja gezeigt, dass er gerade auf diesen langen Distanzen unglaublich schnell fahren konnte. Und vor uns lagen sieben lange Etappen! Und wenn er mir nur jeden Tag zwei Minuten abnehmen würde, war ich eindeutig blamiert. Dann würden mir alle meinen Altersvorteil vorwerfen und mich als deklassiert verlachen.

Ich massierte meine Oberschenkel und ging vor meinem geistigen Auge noch einmal Gerds Fahrweise durch. In der Ebene hatte ich über lange Strecken schon Mühe, in seinem Windschatten zu bleiben. Einzig und allein bei einigen kurzen und steilen Anstiegen, die wir in der zum Teil hügeligen Streckführung zu bewältigen hatten, glaubte ich eine kleine Schwäche bei Gerd entdeckt zu haben. Er kam diese Hügel geringfügig langsamer hinauf als ich. Es waren wie gesagt nur kleine Erhebungen und ich wusste nicht, ob er vielleicht einfach nur länger brauchte, um von Ebene auf Anstieg umzuschalten, aber wenn überhaupt, dann hatte ich hier einen Vorteil. Und da vor uns sieben Bergetappen lagen, fiel ein wenig Anspannung wieder von mir ab. Ich atmete tief durch und beschloss, die Autofahrt zu genießen.

Bei uns im hohen Norden hatte es wochenlang geregnet und gestürmt, seit wir aber an Hannover vorbei waren, schien die Sonne von einem wolkenlosen Himmel herab. Urlaub! Ich atmete noch einmal tief ein und konzentrierte mich beim Ausatmen darauf, all den Stress der vergangenen Wochen aus mir herauszublasen. Wie lange hatte ich mich doch auf diese Woche gefreut, wie lange hatte ich mich zielstrebig auf sie vorbereitet.

Wir kamen in die Kasseler Berge. Für mich als Schleswig-Holsteiner waren das schon kleine Giganten. Aber sie machten mich nicht nervös, ganz im Gegenteil, denn hier bestätigte sich nur meine Taktik. Den Berg hinauf würde ich Gerd bestimmt Zeit abnehmen können, und Berge herunter konnte man nicht wirklich viel Zeit verlieren. Dumm wäre es natürlich nur, wenn ich den Berg hinauf auf Gerd warten und er mich dann bei der Abfahrt oder in der Ebene abhängen würde. Ich sah hinüber zu Gerd. Er saß konzentriert hinter dem Lenkrad und folgte einem neueren Audi A4. Windschattenfahren. Gerd schien die Autobahnfahrt sportlich zu nehmen.

»Ich finde das gut mit der Teamwertung«, sagte ich.

Gerd nickte.

»Alleine würde man wahrscheinlich automatisch auf Anschlag fahren, aber zu zweit kann man sich auch mal gegenseitig bremsen«, ergänzte ich.

Keine Reaktion.

»Ich meine, wenn man schon so weit fährt, dann sollte man auch was von der Landschaft mitbekommen und nicht nur an irgendeinem Hinterrad hängen«, äußerte ich als Argument.

Gerd brachte nur ein kurzes »Mmh« heraus, zog knapp hinter einem vorbeifahrenden Opel auf die Überholspur und ließ sich mit einem verbissenen Gesichtsausdruck an dem A4 vorbeiziehen.

Der wartet niemals auf mich, schoss es mir durch den Kopf! Der wird sich bei der erstbesten Gelegenheit absetzen. Ich würde ihn an den Anstiegen abhängen müssen, da lag meine einzige Chance. Wenn ich da nicht wegkam, dann konnte es knapp werden. Blieb nur diese scheinheilige Vorgabe des Teamfahrens. Nicht, dass Gerd noch den Anspruch erheben würde, dass ich auf ihn zu warten hätte.

»Ach, hör mal, Gerd«, warf ich ein, »zusammen fahren ist ja schön und gut, aber sollte ich am Berg nicht mithalten können, dann fährst du einfach dein Tempo, klar? Ich meine, es ist ja Unsinn, wenn wir uns gegenseitig bremsen!«

Gerd lachte. »Klar, aber ich warte dann oben auf dich.«

»Nein, nein«, schob ich hinterher, »nicht warten! Ich versuch dich dann irgendwie zu kriegen. Das spornt mich zusätzlich an. Fahr dein Tempo! Es taugt nichts, wenn wir uns am Berg aus dem Rhythmus bringen!«

Gerd stimmte zu, wirkte aber nachdenklich.

Ich schloss wieder die Augen und kümmerte mich um meine Beine. Die rechte Wade machte auch nicht gerade den lockersten Eindruck. Vielleicht hatte ich zu viel Kaffee getrunken und mir die Mineralstoffe aus dem Körper geschwemmt, anders konnte ich mir das nicht erklären. Aber stark fühlten sich die Beine an, da bestand kein Zweifel. Ich versuchte die Wade ein wenig zu dehnen, indem ich die Fußspitze anzog, spürte dabei aber deutlich die Verhärtung im Oberschenkel und ließ es lieber bleiben. Es bestand natürlich die Gefahr, dass Gerd die Berge gar nicht schlechter hinaufkommen würde als ich. Vielleicht brauchte er nur ein oder zwei Minuten länger, um seinen Rhythmus zu finden. Bei uns im Norden war es dann schon zu spät, weil man bereits über den Hügel war, aber in den Alpen? Trotzdem nahm ich an, dass ich ihm ein paar Minuten abnehmen würde. Die musste ich dann irgendwie bis zum nächsten Anstieg beziehungsweise bis ins Ziel retten. Die Gefahr bestand nur darin, dass er mich auf den Abfahrten oder in der Ebene überholen würde. Er verstand es, sich von Gruppe zu Gruppe vorzuarbeiten, und wenn ich selbst keine guten Mitfahrer erwischen würde, dann konnte es eng werden. Ich beschloss, dann einfach so zu tun, als ob ich auf ihn gewartet hätte, schließlich musste er dann auch auf mich warten.

»Hör mal«, unterbrach Gerd meine Gedanken, »wenn du in der Ebene irgendwie besser wegkommst, dann fährst du einfach dein Ding, klar?«

»Ach was«, konterte ich, »da fahren wir schön zusammen.«

»Ja, klar«, stimmte Gerd wie selbstverständlich zu, »aber wenn du irgendwie in eine schnellere Gruppe springen kannst und ich nicht, dann fährst du dein Rennen! Nicht warten! Fahr dann einfach dein Rennen und ich versuche wieder heranzukommen. Klar?«

Ich nickte, machte mir aber so meine Sorgen. Es war nur schwer vorstellbar, dass die Geschichte so herum laufen würde. Meiner Meinung nach plante Gerd schon seinen Ausreißversuch.

1. Etappe: Oberammergau – Ischgl

Start: 27.06.2004, 9:30 Uhr. Gerd und ich waren mit dem Rad von unserer Unterkunft zum nahegelegenen Startbereich der Jeantex/Tour-Transalp in Oberammergau gefahren. Beim Absteigen vom Rad kam es zu einer Verkrampfung meines rechten Gesäßmuskels. Meine Nerven lagen blank. Ich machte mir große Sorgen, ob ich die erste Etappe überhaupt überstehen würde. Meine vorderen Oberschenkel waren immer noch fest und die Waden bedurften ständiger Dehnungsübungen.

Wir reihten uns unserer Startnummer entsprechend in den Startblock ein und ließen die Atmosphäre auf uns wirken. 850 Starter und ein großes Drumherum gaben einem das Gefühl, am Start der Tour de France zu stehen. Eines stand hier schnell fest: Alles, was ich bisher an Radveranstaltungen miterlebt hatte, war gegen diese Sache unbedeutend. Der Sprecher gab durch die Lautsprecherboxen letzte Informationen zur Strecke und tat so einiges für die Stimmung der Fahrer und der Zuschauer. Gerd drückte mir sein Rad in die Hand und verschwand auf der Suche nach einer Toilette.

Ich stellte mich zwischen unsere Räder, um meine Dehnungsübungen zu machen. Besonders mein rechter Gesäßmuskel, aber auch die seitlichen Oberschenkel machten mir zusehends Probleme. Ich setzte den rechten Fuß auf das Oberrohr meines Rades und ließ den Oberkörper langsam nach vorne abkippen. Dabei konzentrierte ich mich besonders auf die wohltuende Dehnung des rechten Gesäßmuskels. Nach 15 Sekunden richtete ich mich gefühlvoll wieder auf und nahm den Fuß vom Oberrohr. Genau in diesem Moment, in dem Augenblick, in dem ich mein gesamtes Körpergewicht auf das linke Bein verlagerte, spürte ich wie mein linker Gesäßmuskel zuzog.

Ich war erledigt. All die Vorbereitungen waren für die Katz gewesen, ich würde hier nicht eine Etappe zu Ende bringen. Gedanklich sah ich mich schon in unser gemeinsames Fitnesscenter gehen und immer und immer wieder die Geschichte erzählen, warum ich bei der ersten Etappe der Transalp hatte abbrechen müssen, während Gerd sieben Etappen problemlos hinter sich gebracht hatte. Man würde mir zwar gut zureden und mir darin zustimmen, dass es Pech gewesen wäre, aber innerlich würde man mich zum Versager stempeln. Ich wusste das, denn ich selbst stempelte Menschen bei Fehlleistungen gnadenlos ab. Dumm, faul, antriebsschwach, disziplinlos. Mir fielen auf Schlag mehrere Beispiele dafür ein, wie ich allein in den letzten Wochen Arbeitskollegen, Bekannte und Verwandte für irgendwelche Schwächen zu Verlierern degradiert hatte.

Nun fiel ich meiner eigenen Urteilshärte zum Opfer. Meine Beine waren stark, ich hatte mich gut vorbereitet und ich war bereit alles zu geben, aber das alles würde niemals jemand zu sehen bekommen, denn meine Muskeln krampften. Sie zogen einfach zu und dagegen war man machtlos. Gegen Schmerzen konnte man angehen, Schwäche konnte man mit Härte bekämpfen und Müdigkeit mit Motivation, aber ein krampfender Muskel legte einen lahm. Und in mir signalisierten viele Muskeln, dass sie sich bei der ersten echten Belastung gnadenlos dem Dienst entziehen würden.

Gerd kam wieder.

»Ich kann das Ding nicht fahren«, warf ich ihm entgegen.

Gerd lachte.

»Wirklich«, setzte ich nach, »ich hab bis jetzt nichts gesagt, aber meine Beine krampfen von oben bis unten! Bei jeder Bewegung kommt eine Muskelverhärtung dazu. Ich bin auf! Ich kann keine zwanzig Kilometer fahren! Nicht einmal in der Ebene. Alles ist vorbei! Ich fahre schnell zum Camp zurück und lass mir meine Tasche geben, damit sie die nicht bis zum nächsten Etappenziel fahren.«

»Das ist ganz normal«, klärte Gerd mich in einem betont ruhigen Tonfall auf. »Das geht gleich wieder weg. Das ist nur die Nervosität!«

Gerd schien überhaupt nicht in Sorge über meinen Zustand zu sein. Vielleicht nahm er meine Beschwerden einfach nur nicht ernst genug und hielt mich für einen Simulanten. Auf der anderen Seite war er aber auch erfahrener als ich, und eventuell hatte er ja Recht mit dem Gesagten.

»Du wirst dir die Beine einfach locker fahren und in Topform sein, glaub mir das!«, setzte er nach.

Ich schöpfte Hoffnung. Vielleicht war es nur die Anspannung der letzten Tage, die aus mir herausgefahren werden müsste. Vielleicht würde die Bewegung den Beinen gut tun. Den Beinen und meinem Kopf. Ich konnte es mir noch nicht wirklich vorstellen, aber möglicherweise würde es ja tatsächlich gehen.

»Bei mir äußert sich das anders«, verriet Gerd grinsend, drückte mir sein Rad in die Hand und verschwand abermals in Richtung der Toiletten.

9:56 Uhr. Meine Pulsuhr zeigte 132 Schläge pro Minute. Vier Minuten vor dem Start! Durch die Lautsprecherboxen ertönte Musik. »Let me entertain you« von Robbie Williams. Für einen Moment war die Sorge um meine Beine wie verflogen. Ich fühlte mich großartig und voller Tatendrang. Jetzt ging es endlich los, jetzt konnte ich endlich zeigen, was in mir steckte. Vor uns lag wie angekündigt die längste Etappe der Tour. 2521 Höhenmeter waren auf einer Distanz von 141,70 km zu überwinden. Es sollte zwar die längste, aber bei weitem nicht die schwerste Etappe sein. Wenn man den Angaben des Sprechers glauben konnte, dann war es nur eine Einrolletappe. 65 km bis zum ersten ernsthaften Anstieg zum Hahntennjoch, einem 1894 m hohen Pass, dann 15 km Abfahrt, etwa 20 km in der Ebene und schließlich die letzten 25 km leicht ansteigend.

Unmittelbar vor dem Start. Puls 126. Der Sprecher forderte uns auf, die letzten 10 Sekunden gemeinsam rückwärts zu zählen. Das sollte noch mal die Motivation und die Stimmung heben, mir aber erschien es eine unverantwortliche Vergeudung meiner Kräfte zu sein, jetzt auch noch laut zählen zu müssen. Einige konnten sich das scheinbar erlauben.

Der Startschuss! Die Sonne schien durch die zunehmend aufreißende

Wolkendecke auf uns herab. Es ging los! Ich klickte erst einmal nur einen Schuh ein und fuhr mit weiteren 849 Fahrern im Schritttempo durch die anfeuernden Zuschauer. Es herrschte Volksfeststimmung. Ich setzte eine entschlossene Miene auf, als würde ich beim Gesamtsieg mitreden können, hatte aber sogleich auch wieder ein schlechtes Gewissen, weil ich mir nicht so sicher war, ob ich nicht in einer Stunde mit einem Taxi zurückkommen würde. Und für solche Leute klatschten die ja nun ganz bestimmt nicht!

Aus Sicherheitsgründen war der Start neutralisiert. Das bedeutete, dass die ersten Kilometer ein Fahrzeug vorne fahren und das Feld relativ geschlossen aus der Stadt bis zu einer günstigeren Stelle führen würde, an der das Rennen dann gefahrlos frei gegeben werden konnte. Mir kam das entgegen, so konnte ich mich tatsächlich erst einmal locker rollen. Kilometerweit pedalierten wir dicht an dicht im Windschatten bei angenehmem Tempo. Die Veranstalter ließen uns in etwa 200 Fahrer starken Blöcken fahren, zwischen diesen Blöcken fuhren zwei Motorräder und hielten ausreichend Abstand, sodass die Gefahr eines Massensturzes verringert wurde.

Trotzdem kam es regelmäßig zu nicht nachvollziehbaren Bremsmanövern bei den vorderen Fahrern, die sich wie eine Welle nach hinten fortsetzten. So etwas war in solchen Pulks nicht unnormal und nur schwer zu vermeiden, animierte einige Fahrer aber zum lautstarken Fluchen. Auch ich schloss mich diesem Geschrei an. Die sollen das Rennen endlich frei geben, forderte ich. Dann wieder zeterte ich herum, dass die endlich mal Gas geben sollten da vorne, und dass wir hier ja wohl nicht bei einer Landfrauenausfahrt wären und ob das alles Anfänger seien. Ich tat das für Gerd. Mir war nämlich aufgegangen, dass es ein großer Fehler gewesen war, ihm meine Schwäche zu offenbaren. Sicherlich, er hatte mich wieder aufgebaut, aber nun würde er die Chance nutzen, mich möglichst frühzeitig unter Druck zu setzen.

»So, kommt Leute, nun legt mal los da vorne!«, forderte ich gekünstelt leistungsbereit und konzentrierte mich auf einen betont runden Tritt. Jeder weitere Kilometer in diesem Tempo würde mir gut tun.

»Gas, Gas, Gas!«, zischte ich und achtete darauf, wie sich meine Muskeln bei einer 100er-Trittfrequenz und einem Puls von 132 lockerten. Nach einer weiteren scheinbar unbegründeten Bremswelle in unserem Pulk schaffte Gerd es dann, sich einige Meter nach vorn abzusetzen. Ich geriet in leichte Panik, weil ich ihn zwischenzeitlich nicht mehr sehen konnte. Dicht an dicht fuhren die Fahrer auf der für alle anderen Fahrzeuge gesperrten Strecke und versperrten mir die Sicht. Außerdem schien es schon überfällig zu sein, dass sie das Rennen vorne frei gaben und das Tempo schlagartig ansteigen würde. Ein Abstand von nur 15 Metern konnte bedeuten, dass er mit einer schnelleren Gruppe mitfahren und mich gleich zu Beginn abschütteln könnte. Löcher zufahren würde ich mit meinen krampfanfälligen Beinen kaum können, und so versuchte ich noch im dichten Gedränge zu ihm vorzukommen.

Für eine kurze Zeit bekam ich ihn wieder zu sehen. Seine nervöse Fahrweise zeigte mir, dass er bemüht war, noch mehr Fahrer zwischen uns zu lassen. Sein Kopf wanderte blitzschnell von links nach rechts, dann wieder nach links, um anschließend rechts nach einer Lücke zu suchen. Ich fuhr an den äußersten linken Fahrbahnrand und kam an zwei Teilnehmern vorbei, dann war wieder alles zu und ich verlor Gerd erneut aus den Augen. Als ich ihn wieder zu Gesicht bekam, war er bereits weitere zehn Meter nach vorn gekommen.

Irgendwie schienen sich die Reihen etwas gelichtet zu haben, und dann erkannte ich, dass das Rennen bereits frei gegeben war. Ständig fuhren stärkere Fahrer nach vorne heraus, zogen das Feld in die Länge und sorgten damit dafür, dass immer mehr Luft zwischen die Räder kam. Ich nutzte eine Lücke und kam einige Plätze weiter nach vorn. Beim nächsten Versuch musste ich jedoch erkennen, dass mir ruckartige Antritte die Muskeln zuzogen. Bei gleichmäßigen Bewegungen konnte ich schon Kraft auf die Pedale bringen, aber mal kurz aus dem Sattel zu gehen und sechs sieben Umdrehungen durchzuziehen, das ging nicht.

Gerd war wieder in der Masse verschwunden. Er würde mit Sicherheit Lücke für Lücke nutzen und nach vorn springen, und solange mir das Feld kein gleichmäßiges Tempo gestattete, hatte er die besseren Karten. Das Glück wandte sich mir in Form eines Begleitmotorrades zu. Es bahnte sich von hinten kommend mit ständigem Hupen einen Weg an der äußersten linken Straßenseite durch das noch immer dichte Feld. Ich ließ es vorbei, klemmte mich sofort an sein Hinterrad und gab diesen Platz nicht mehr auf, bis ich Gerd erreicht hatte. Der beendete seine hektische Fahrweise und mimte wieder den Gelassenen, der einfach nur in Ischgl ankommen wolle.

Alles wurde jetzt flüssiger, das Tempo etwas höher, aber sehr gleichmäßig. Meine Muskeln ließen auch einen 150er-Puls bei rundem Pedalieren zu. Ich schöpfte Zuversicht und war gespannt auf den ersten zu überquerenden Pass, das 1894 m hohe Hahntennjoch. Es ließ zwar noch ein wenig auf sich warten, war dann aber urplötzlich da.

Wir bogen nach links von der Straße ab, auf der wir so lange unterwegs gewesen waren und schon schien das Feld zu stehen. Es ging sofort in eine anspruchsvolle Steigung hinein. Vorbei die Zeiten des Einrollens, vorbei das Fahren wie wir es im Norden gewohnt waren, nun hieß es gnadenlos herunterschalten und die Trittfrequenz bei 70 Umdrehungen halten. Ich kam gut klar mit dem Wechsel und schob mich an einigen Fahrern vorbei. Aus dem Augenwinkel beobachtete ich, dass Gerd wie erhofft nicht so schnell vorankam. Vielleicht brauchte er wie gesagt nur ein oder zwei Minuten länger, um in Fahrt zu kommen, aber ich klammerte mich an die Hoffnung, dass er während des ganzen Anstiegs Zeit verlieren würde. Und wenn er auch nur kurz zurückfallen würde, so hatte er danach doch doppelt damit zu tun, mich wieder einzuholen, und das würde an seinen Kräften zehren.

Einige Minuten lang ging es wieder sehr eng zu, dann hatte sich das Feld in die Länge gezogen und man konnte unbehindert sein Tempo fahren. Ich nahm an, dass Gerd mich noch sehen und alles geben würde, um an mir dran zu bleiben. Es wäre jedoch ein großer taktischer Fehler, sich in einer solchen Situation umzudrehen. Umdrehen bedeutete, dass man seinerseits alles gab, um den Kontrahenten abzuhängen, und dass einem langsam die Luft ausging und man sich vergewissern wollte, ob man es bereits geschafft hätte. Umdrehen würde Gerd neue Kräfte verleihen. Außerdem würde man in dem Moment, in dem man dem abzuhängenden Gegenspieler noch einmal in die Augen sah, ja ganz klar machen, dass man wusste, dass er zurückfiel, und dass man nicht daran dachte, auf ihn zu warten.

Also hielt ich meinen Kopf starr nach vorn gerichtet, hielt ein Auge auf die Pulsuhr und konzentrierte mich auf einen gleichförmigen kraftvollen Tritt. Beim Fahren bergauf war ganz besonders die Kraftausdauer gefragt. Die allermeisten Profis fuhren hier deutlich niedrigere Trittfrequenzen als in der Ebene. Und auch ich stellte schnell fest, dass ich selbst im ersten Gang gar keine 100er-Frequenz hätte fahren können. Aber ich war auf das untertourige Fahren vorbereitet.

Wir im äußersten Norden haben nämlich unseren eigenen Berg. Den Wind. Er ist fast immer da. Ein äußerst zermürbender Gegner, aber wenn man sich erst einmal mit ihm abgefunden hatte, dann konnte er ein guter Trainingspartner sein. Regelmäßig war ich bis zu zwei Stunden lang mit 53/12 oder sogar 53/11 gegen den Wind angefahren. Das war meine Simulation der Berge. Ich wusste, dass ich das mit Puls 160 und auch leicht darüber problemlos durchhalten konnte. Vorausgesetzt meine Krampfneigung würde mich nicht ausbremsen.

Ich spürte Gerd im Nacken und erhöhte auf Puls 163. Das würde ich durchhalten. Über Pfingsten war ich für drei Tage im Harz gewesen und das erste Mal richtige Berge gefahren. Die waren zwar nicht so hoch, aber ich bildete mir ein, dass die zu überwindenden Höhenmeter ungefähr vergleichbar waren, weil Oberammergau ja schon 800 m über dem Meeresspiegel lag.

Ich spürte Gerd hinter mir kämpfen und brachte noch etwas mehr Kraft auf die Pedale. Es war nur gut, wenn er hier in den roten Bereich gehen würde. Vielleicht würde er ja sogar einen totalen Einbruch bekommen. Einen Hungerast. Dann war ich gerettet. Unsere Teamwertung interessierte mich nicht. Die war bei uns zu Hause ohne Aussagekraft. Aber wenn Gerd hier vollkommen einbrechen würde, dann hätte ich die Schlacht gewonnen. Davon würde er sich dann auch nicht mehr so schnell erholen und ich könnte drei Gänge rausnehmen. Mein Gesichtsfeld engte sich ein. Puls 170. Jemand fuhr neben mir.

»Wo ist dein Partner?«

»Im Berg«, antwortete ich.

»Ist der vor oder hinter dir?«

»Hinter mir.«

»Dann können wir ja zusammen fahren.«

»Wo kommst du her?«, fragte ich.

Er kam aus irgendeinem Dorf in Bayern und war das Bergfahren gewohnt. Er kannte sich aus, war ungefähr in meinem Alter und wirkte sehr fit.

»Ich kenne gar keine Berge«, protzte ich, »war nur mal drei Tage im Harz. Ich komme aus Schleswig-Holstein.«

Ich beschloss mich an ihm zu orientieren, denn ich konnte mir nicht vorstellen, dass Gerd den einholen würde. Von da an hatte ich eine rote Hose vor mir. Sie fuhr wie ich sitzend, wirkte aber wesentlich entspannter.

Dann wurde es flacher. Ich blieb an der Hose dran, machte mir aber Sorgen, dass wir nicht schnell genug waren, weil mein Puls nur noch bei 162 stand. Dann 159. Wir verbummelten das Rennen. Ich überholte und übernahm die Führungsarbeit. Gerd saß mir im Nacken, da war ich mir sicher. Ich spürte seine Blicke auf mir lasten und brachte meinen Puls auf 165. Solange ich Puls 165 fuhr, würde er mich nicht überholen – nahm ich an. Meine maximale Herzfrequenz war nicht besonders hoch, und so war 165 schon in etwa meine anaerobe Schwelle.

Im letzten Jahr hatte ich einmal eine 185er-Frequenz in den Harburger Bergen beim Jedermann-Rennen der HEW-Cyclassics gehabt. Ich lag Kopf an Kopf mit meinem damals größten Konkurrenten, dem Besitzer unseres Fitnesscenters, und wollte ihm unbedingt beweisen, dass er mich noch nicht besiegt hatte. Hatte er aber. Kurz darauf bezahlte ich für den 185er-Puls mit einem totalen Einbruch und rettete mich nur mit äußerster Kraftanstrengung ins Ziel. Ich hatte damals zwei Minuten auf Oliver verloren, und das glich einer totalen Demütigung. Niemals werde ich vergessen, wie er sich locker am Straßenrand mit jemandem unterhielt und mir ein überlegenes Lächeln zuwarf. Er hatte mich ausgeknockt, mich mental zerstört. So etwas wollte ich nie wieder erleben!

Ich ging in die Unterlenkerhaltung und gab noch ein wenig mehr Druck auf die Pedale. Es war wichtig, die erste Etappe zu gewinnen. Bei Puls 169 wurde es wieder richtig steil. Erster Gang und Trittfrequenz über 70 halten.

Es ging um eine Kehre. Ich hielt meinen Kopf weiter starr gerade aus, bewegte nur meine Augen und suchte die nun ein wenig unter mir fahrenden Fahrer nach Gerd ab. Die rote Hose kämpfte sich dort hinauf, aber von meinem Konkurrenten war nichts zu sehen. Puls 173. Tunnelblick. Vielleicht hatte ich ihn übersehen! Vielleicht war er aber auch direkt hinter mir und bereits um die Kehre herum!

Ich ließ es bei Puls 173. Er würde sich ebenfalls im anaeroben Bereich befinden und wie ich dafür zahlen müssen. Ich spürte seinen Ehrgeiz an mir dran zu bleiben. Er biss sich an meinem Hinterrad fest und wartete nur darauf, dass ich Tempo herausnehmen würde. Er war sich sicher, dass auch ich am Anschlag fuhr. Sobald ich auch nur ein wenig herausnehmen würde, war seine Zeit gekommen. Der Gedanke an diesen Moment gab ihm Kraft und ließ ihn an meinem Hinterrad kleben.

Vor meinen Augen waren nur noch einige Meter Asphalt und die 174 auf der Pulsuhr zu erkennen, vor meinem geistigen Auge aber sah ich ständig das Bild, wie Gerd mit einem Siegerlächeln an mir vorbeiziehen würde. Und das wollte ich auf alle Fälle verhindern. Meine Beine funktionierten zwar gut, aber ich wusste, dass ich einen solchen Angriff nicht mehr beantworten konnte. Ruckartige Tempoverschärfungen straften meine Muskeln mit unkontrollierbaren Verkrampfungen, und aus dem Sattel gehen konnte ich auf Grund dieses Problems auch nicht mehr.

Ich nahm nun an, dass der Angriff unmittelbar bevorstand und griff tief in die psychologische Trickkiste. Rechts von uns ging es weit hinunter und es war sehr grün. Ich vermutete, dass es sich um eine besonders schöne Landschaft handeln würde und drehte meinen Kopf in diese Richtung, als würde ich den Ausblick genießen. Ausblick genießen können bedeutet, dass man höchstens im oberen Grundlagenausdauerbereich fährt. Ich erkannte zwar einzelne Punkte, Häuser und Bäume, aber ich konnte das Bild nicht zusammenbringen. Ich blickte nicht in ein Tal, sondern auf viele einzelne Teile, die zusammen ein Tal ergaben. Ich blickte auf unzählige durcheinander liegende Puzzleteile, war jedoch nicht in der Lage, das Bild als Ganzes zu erfassen. Mit Sicherheit war es schön. Ganz besonders für uns Flachländer.

Ich ließ meinen Kopf eine Weile in diese Richtung gedreht, konzentrierte mich dann wieder einige Sekunden auf den Asphalt, um mich wieder scheinbar die Schönheit der Landschaft genießend den Puzzlesteinen zuzuwenden. Dies wiederholte ich regelmäßig und schon bald war ich mir sicher, dass Gerd mich nicht mehr angreifen würde. Ich wagte es sogar, den Puls auf 172 fallen zu lassen, und dann war da auf einmal diese Verpflegungsstation. Wir waren wohl oben. Jedenfalls fast.

Ich drehte den linken Fuß aus dem Klickpedal, setzte ihn ab und spürte sofort meinen Oberschenkel zuziehen. Das war die schlechte Nachricht. Die gute war, dass Gerd nicht da war. Er hatte wohl irgendwo abreißen lassen müssen, und das war ein großer psychologischer Vorteil für mich. Ich trank schnell einen Becher Squeezy, füllte eine meiner Trinkflaschen auf und griff nach Bananen und Corny-Riegeln. Dann trat ich wieder in die Pedalen.

Es war wichtig, die Verpflegungsstation zu verlassen, bevor er sie erreichen konnte. Es würde Gerd mit Sicherheit noch einmal Kraft geben, wenn er mich zu Gesicht bekam. Wenn nicht, dann musste er automatisch davon ausgehen, dass sein Rückstand schon riesig war. Ich arbeitete weiter an meinem Vorsprung und kam glücklicherweise auch krampffrei durch.

In der Abfahrt fuhr ich mir die Beine mit höheren Trittfrequenzen und 125er-Puls wieder locker, dann ging es in die Ebene. Ich erwischte keine Gruppe und musste einige Kilometer allein im Wind fahren. Das war ein großer Nachteil und ich rechnete ständig mit von hinten aufschließenden Gruppen, in denen auch Gerd stecken konnte. Es war wichtig meinen Vorsprung zu halten, und so brachte ich meinen Puls in Unterlenkerhaltung wieder auf 160.

Irgendwann hing ich dann an zwei weiteren Fahrern dran und wir wechselten uns mit der Führungsarbeit ab. Und dann war da schon wieder die nächste Verpflegungsstation. Von der Enge, die auf der ersten Hälfte dieser Etappe geherrscht hatte, war nichts mehr zu spüren. Es schien eine ganz andere Veranstaltung geworden zu sein. Eine kleine einsame Verpflegungsstation ohne Andrang, in der man uns sofort die von uns gewünschten Dinge reichte und uns ermutigte, dass wir nur noch 20 km bis ins Ziel hätten. Ich machte mich sofort auf den Weg.

Anfangs ging es leicht ansteigend, dann schien mir die Straße eben zu sein, aber ich brachte es nicht mehr auf eine angemessene Geschwindigkeit. Mein Puls war nach wie vor hoch, aber ich fuhr nur knapp über 20 km/h. War das ein Hungerast? Ging mir der Brennstoff aus? Ich fingerte Squeezygel aus meiner Trikottasche und spülte es mit einem Schluck Wasser herunter. Die Beine schienen noch Kraft zu haben, aber ich bekam die Kurbel einfach nicht schneller gedreht. Es lief nicht mehr! Ich wusste zwar nicht warum, aber ich war im Schneckentempo unterwegs. Der Puls war auf 164, was in der Ebene doch für mindestens 36 km/h reichen sollte, ich aber fuhr nur gute 20! Mein Vorsprung drohte in sich zusammenzuschmelzen.

Es dauerte ewig, bis ich zu einigen Fahrern aufschloss, die offenbar unter dem gleichen Problem litten. Von hinten kam nichts. Doch jederzeit konnten große ausgeruhte Gruppen heranfliegen und uns Alleinfahrer schlucken. Wie oft hatte man die Bilder im Fernsehen gesehen, in denen Virenque und andere Fahrer nach heldenhaften Etappen am Ende doch von den geschonten Verfolgern eingeholt und nach hinten durchgereicht wurden.

Ich war mit den Kräften fast am Ende und die wenigen mit mir kurbelnden Fahrer hatten auch keine großen Reserven mehr. Wir würden mit Sicherheit keine Tempoverschärfung mehr mitgehen können. Ich versuchte an bestimmten Punkten auszumachen, ob die Straße vielleicht doch ansteigend verlief, hatte aber den Eindruck, als wäre sie absolut eben.

Dann war es soweit. Es kam ein Fahrer von hinten in unsere Gruppe gefahren. Er schien noch Kraft und Energie zu haben und ich nahm an, dass er sich erst vor kurzem aus einer Gruppe von Fahrern abgesetzt hatte, in deren Windschatten er kraftsparend mitgeschwommen war. Eine Gruppe, in der sich auch Gerd befinden konnte! Er blieb nur kurz bei uns, dann setzte er sich nach vorne ab. Ich spürte die Verfolger näher kommen und sah nur eine Chance, ihnen zu entwischen: An dem da vorne dran bleiben!

Er trug eine weiße Hose und ein weißes Trikot, und so lange ich dieses Weiß im Auge behalten konnte, rechnete ich mir gute Chancen aus. Ich blieb sitzen, brachte mehr Kraft auf die Pedale und ignorierte die Pulsuhr. Es ging. Vermutlich kam ein leichter, kaum spürbarer Wind von vorn, und so lange ich in seinem Windschatten fuhr, konnte ich mithalten. Er zog mich ein oder zwei Kilometer, dann wollte ich mich revanchieren, schaffte es aber nur kurz, das Tempo zu halten. Er ging wieder in die Führung. Ich blieb dran.

Irgendwann war dann auch noch einmal ein anderer Fahrer dabei, da bin ich mir sicher, aber ich war im roten Bereich, hatte einen Tunnelblick und war voll und ganz auf das Weiß vor mir und einen runden Tritt konzentriert. Auch jetzt noch führte jede falsche Bewegung zu akuten Krämpfen und da blieb kein Sinn mehr für andere Dinge. Alles, worauf es ankam, war das Weiß vor mir und meine Beine und ab und zu mal ein Blick auf den Tacho, auf dem immer noch keine 30 km/h zu sehen waren. Aber wir näherten uns der angegebenen Etappenlänge von 141,7 km und das mobilisierte meine letzten Kräfte.

Und dann waren da auf einmal Häuser links und rechts, und wenige Augenblicke später fuhren wir durch einen professionellen Zielbogen und wurden vom Moderator namentlich angekündigt. Überall war Musik und viele Menschen standen herum. Wir waren kaum über die Ziellinie gefahren, und ich hatte noch gar nicht richtig begriffen, dass es vorbei war, da ließ der Weiße sich vor mir auf den Boden fallen und blieb regungslos auf dem Rücken liegen. Er war offensichtlich schon bei der ersten Etappe voll am Anschlag gefahren und ich wunderte mich darüber, dass er mir nicht mehr Führungsarbeit überlassen hatte. Ich hatte dabei zwar ein wenig an Tempo verloren, aber viel Zeit hätte das mit Sicherheit nicht ausgemacht. Und auf die allerletzte Sekunde kam es ja nun auch nicht an.

Ich schob mein Rad an ihm vorbei und fand einen Wegweiser zum Camp. Ich folgte ihm und wurde zu einem kleinen Sandweg geleitet, der steil bergauf führte. Waden und Oberschenkel krampften im Wechsel kurz zu, gehorchten im nächsten Augenblick aber schon wieder meinen Befehlen. Ich kam an ein Gebäude, vor dem ein Schild mit der Aufschrift »Camp« stand. Aber niemand war da. Keine Räder, keine Fahrer, keine Leute vom Gepäckservice, niemand. Ich ging ein wenig herum, fand ein

Schwimmbad und einen Tennisplatz, aber nichts was als Camp zu identifizieren gewesen wäre.

Schließlich ging ich ins Gebäude und entdeckte unsere Taschen. Sie waren in einer großen Tennishalle fein säuberlich aufgereiht. Etwa 250 Taschen, die auf ihre Besitzer warteten. Und nicht einer davon war zu sehen. Ich zählte eins und eins zusammen. Von den 850 Teilnehmern der Transalp übernachteten etwa 250 im Camp. Und von diesen 250 Campschläfern war ich der Erste, der hier ankam! Ich wurde euphorisch. Jetzt ging mir auch langsam auf, warum der Weiße vor mir sich so ins Ziel gekämpft hatte. Vielleicht hatten wir sogar um einen Podiumsplatz gekämpft, und ich hatte es nicht einmal gewusst! Ich war hierher gekommen um die Tour zu überstehen und hatte heute Morgen noch nicht einmal gewusst, ob ich überhaupt die erste Etappe zuende fahren könnte. Und nun war ich mit einem Schlag ganz nach vorn gefahren! Ich war die Radsportentdeckung des Jahres 2004! Einer der talentiertesten Nachwuchsfahrer – weltweit! Ein Gigant der Rennszene, schließlich hätte ich den Weißen im Endspurt locker besiegen können, ich war ja fast topfit ins Ziel gekommen, während er sofort zusammenbrach. Ich ging zu meiner Tasche und holte meine Duschsachen.

Es war wichtig, dass ich schnell in trockene Kleider kam. Das beste Beispiel für die leistungshemmende Wirkung einer Erkältung war ja das zweite deutsche Radsporttalent neben mir, Jan Ullrich, der dadurch jedes Jahr seine Tour verlor. Nein, ich würde aus seinen Fehlern lernen und eine vom ersten bis zum letzten Tag starke Tour fahren. Ich duschte, stieg in trockene Kleider, zog mir trotz des warmen Wetters vorsichtshalber eine Jacke über und ging im Bewusstsein meiner überragenden Fähigkeiten zurück zum Zielbereich.

Leider musste ich dort sehr schnell feststellen, dass das tatsächliche Siegerteam gute 40 Minuten vor mir ins Ziel gekommen war, und dass die alten Männer in den Radklamotten, die ich bei meiner Zielankunft für betagte Zuschauer gehalten hatte, die Etappe ebenfalls gefahren waren. Ich war hier also in Wirklichkeit nur eine Nullnummer, die einigermaßen orientierungslos durch die Gegend krampfte! Aber wen interessierte das schon? Unseren Radfreunden zu Hause würde ich wohl kaum von den alten

Männern erzählen, für sie war lediglich der Abstand zwischen mir und Gerd entscheidend. Ich konnte es zu diesem Zeitpunkt noch nicht wissen, aber Gerd erreichte das Ziel der ersten Etappe aus mir unerklärlichen Gründen erst 50 Minuten nach mir. Ich war also doch die Entdeckung 2004! Der talentierteste Nachwuchsfahrer in meinem Heimatdorf!

Und der, den ich so lange im Nacken gespürt hatte, das war wohl mal wieder – wie so oft im Leben – ich selbst gewesen.

Ischgl

Nach der Etappe ist vor der Etappe. Genau genommen begann die 2. Etappe nämlich bereits in dem Moment, als Gerd in Ischgl ins Ziel fuhr. Glücklicherweise war so ziemlich das Erste, was er im Ziel sah, sein frischgeduschter Teamkollege. Ich empfing ihn betont gleichgültig, was unsere Zeiten anbelangte, und bemühte mich trotz meiner krampfenden Beine einen lockeren Touristenschlenderschritt vorzuführen. Dieser Schlenderschritt sollte ihm demonstrieren, dass ich halt hier war, um ein wenig Rad zu fahren und mir die verschiedenen Ortschaften anzusehen. Und wenn er sich auch gequält haben mochte, ich war die Strecke locker mit Halbgas gefahren. Ich erkannte die demoralisierende Wirkung an seinem Gesichtsausdruck. Er war völlig frustriert. Ich zeigte ihm noch den Bikepark, in dem die Räder über Nacht bewacht wurden, und führte ihn in unser Camp.

Gerd haderte mit sich und seiner schwachen Leistung. Er führte sie darauf zurück, dass er die letzten drei Wochen vor der Tour auf Grund seiner Arbeit und einer Halsentzündung so gut wie gar nicht zum Trainieren gekommen war, und hoffte darauf, dass seine Form in den nächsten Tagen ansteigen würde. Und tatsächlich war Gerd krank gewesen und hatte viele Überstunden gemacht. Mir war also klar, dass er konditionell noch zulegen konnte; auf der anderen Seite schienen mir 50 Minuten ein so großer Zeitunterschied zu sein, dass mir keine Gefahr von ihm drohte. Wenn mich hier noch etwas gefährden konnte, dann waren das meine krampfenden Beine. Ich beugte mich hinunter zu meiner Tasche und mein rechter Oberschenkel zog bedrohlich zu. Also richtete ich mich wieder auf und ließ meinen Blick durch die Sporthalle schweifen.

»Guck mal die beiden Mädels dahinten«, sagte ich zu Gerd, »die scheinen richtig verbiestert zu sein.«

»Das sind die beiden Schweigsamen«, antwortete Gerd. »Die hab ich gestern schon angesprochen und sie haben kein Wort herausbekommen.«

Ich machte mich wieder an meiner Tasche zu schaffen und zog die Luftmatratze heraus. Als ich mich niederkniete um sie aufzublasen, krampfte der linke Beinbeuger. Schlagartig richtete ich mich wieder auf, scheinbar um unsere Konkurrenz zu beobachten.

»Guck mal die beiden Zwillinge. Coole Typen!«

»Die sind letztes Jahr auch schon gefahren«, erinnerte sich Gerd.

Ich blieb jetzt einfach locker stehen und wartete darauf, dass Gerd duschen gehen würde. Er sollte nicht mitbekommen, wie ich mit meinen Muskeln zu kämpfen hatte. Er ging. Ich rechnete mir aus, dass ich ungefähr zehn Minuten Zeit haben würde, um mein Nachtlager vorzubereiten, dann würde er wieder kommen und ich musste mir jede weitere gefährliche Bewegung ersparen.

Ich brachte es irgendwie zu einer erträglichen Sitzhaltung, schnappte mir die Luftmatratze und blies im Akkord hinein. Die ersten zwanzig Luftstöße schienen überhaupt keine Wirkung zu hinterlassen, dann nahm meine Schlafunterlage langsam Form an. Ich atmete tief durch die Nase ein und blies dann voller Elan durch das Mundstück hinein. Das machte ich zehn Mal ohne abzusetzen, erholte mich kurz und begann von vorn. Ich steigerte mein Tempo. Ich entwickelte Ehrgeiz. Ich versuchte mehr Luft mit einem Stoß hineinzubekommen und trotzdem die Atemfrequenz beizubehalten. Ich verzichtete auf die Erholungspause, und dann wurde auf einmal alles ganz leicht.

Von weit her waren Stimmen zu hören. Erst ganz leise und unverständlich, als wären es ferne Gesänge, dann näher kommend als Zusammensetzung einzelner Wortfetzen, und schließlich waren es verständliche Sätze, die in meiner unmittelbaren Umgebung gesprochen wurden. Ich öffnete die Augen und fand mich in der Tennishalle unter meiner nun wieder luftleeren Matratze liegend vor. Alles war gut. Ich war vollkommen entspannt. Zum ersten Mal während der Autofahrt war ich die Anspannung los, auf keinen Fall nach Gerd ins Ziel kommen zu dürfen. Ich war einfach da und fühlte mich gut. Als Gerd zurück kam, lag ich immer noch so da. Meine Muskeln waren angenehm locker und ich spürte ein seltsames Gefühl in mir. Vielleicht war es der sagenumwobene Teamgeist, der mir bisher fremd geblieben war. Oder war es einfach nur die Gleichgültigkeit eines am Boden liegenden Sportlers kurz nach dem Hyperventilieren?

Ich beschloss, es am nächsten Tag ruhiger angehen zu lassen.

»Morgen fahr ich mit dir zusammen«, sagte ich zu Gerd. »Wenn du am Anstieg nicht mitkommst, dann werde ich in der Ebene einen Gang rausnehmen, bis du wieder dran bist.«

Gerd stellte es mir frei mein eigenes Ding zu fahren. Ich lehnte jedoch ab und erklärte ihm, dass es mir um die Gemeinschaft und um die Teamarbeit ginge. Und so ganz nebenbei dachte ich, dass ein etwas lockerer Tag auch meinen Beinen gut tun würde.

Die Stunde der Experten

Sozusagen als Rahmenprogramm der Jeantex/Tour-Transalp-Veranstaltung bildeten die Fahrer nach den Etappen immer wieder kleine Diskussionszirkel, um über weltbewegende Fragen zu konferieren. Hier nahm man sich kontroverser Themen an, wie zum Beispiel Carbon oder Aluminium, vier oder sechs Wochen Trainingspause im Jahr, Vor- und Nachteile verschiedener Pedalsysteme oder Tuningmöglichkeiten durch Bremsbeläge.

Bereits in der ersten Phase der Tour trat in Ischgl eine Gruppe zusammen, die sich dem vielleicht brisantesten Thema der Radsportwelt zuwandte: Campagnolo oder Shimano! Erfahrungsgemäß war die Anzahl der Pro-Shimano-Vertreter immer größer als die der Campagnolo-Anhänger, nur waren diese leidenschaftlicher und beendeten solche Auseinandersetzungen meist per Punktsieg für sich. Ein ganz großer Argumentationsvorteil war dabei das erheblich geringere Gewicht der Campagnolo Record-Gruppe im Vergleich zur Dura Ace von Shimano. Während zum Beispiel der Shimano-Fahrer die Last von 313,5 Gramm allein für Vorder- und Hinterradbremse zu bewältigen hatte, flog der Campafetischist mit zierlichen 308,8 Gramm über den Asphalt. Beim Schaltwerk machte die Dura Ace zwar wieder vier Gramm gut, beim Umwerfer verlor sie aber üppige zwölf Gramm und war damit deklassiert. Wenn man sich dann noch vor Augen führte, dass die Dura Ace-Schaltbremseinheit durch ihre Aluminiumhebel mit Sicherheit einige Gramm im Gegensatz zu den Carbonhebeln der Campagnolo-Gruppe zusetzen musste, dann fragte man sich, wie die Shimano-Fahrer überhaupt die Berge hochkommen konnten.

Und so biss sich die Diskussionsführung der Pro-Campa-Vertreter auch an diesem Punkt fest. Ich selbst war Shimano-Fahrer. Vielleicht war ich es, weil Shimano mir im Preis/Leistungsverhältnis etwas besser abzuschneiden schien, vielleicht war ich es aber auch nur, weil mein erstes Rennrad zufälligerweise mit Shimano ausgestattet war und ich mich nicht mehr umstellen wollte. Im Endeffekt war es wohl mehr eine Gefühlssache, aber diese galt es in einer Diskussion mit knallharten Fakten zu vertreten. Und gehörte ich auch nicht zu den in vielen Jahren zu radsportlicher Erfahrung und höchster Leistungsfähigkeit herangewachsenen Fahrern, so war ich wahrscheinlich einer der Erfahrensten, was die Führung eines solchen Wortwechsels anbelangte.

Ich schaltete mich gleich mit einem Paukenschlag in das Gespräch ein:

»Die neue Dura Ace-Garnitur wiegt exakt gemessen nur drei Gramm mehr als die komplette Record-Ausstattung!«

Das stimmte natürlich nicht, aber eine mit vollkommener Sicherheit vorgetragene Behauptung beeinflusst jeden, egal ob er sich grade vorher selbst noch absolut sicher war oder nicht.

Die drei Gramm waren allerdings sehr niedrig gegriffen und selbst die Pro-Shimano-Seite sah mich ungläubig an.

»Das sind offiziell belegte Zahlen!«, bügelte ich jeden Widerspruch von vornherein nieder.

Und so widersprach man mir auch nicht, man fragte mich lediglich, wie denn die drei Gramm, die ja niemand anzweifeln wolle, bei einem Komplettgewicht der Record-Gruppe von 2580 Gramm und einem Komplettgewicht der Dura Ace-Gruppe von 2707 Gramm rein rechnerisch zustande kommen konnten.

Die Frage war rein rational betrachtet natürlich begründet, also musste ich sie erst einmal emotional entkräften.

»Ja«, lachte ich, »die Italiener!«

Mich eingeschlossen wusste noch keiner, was das zu bedeuten hatte, aber dass die Italiener mit Mafia und Al Capone gleichzusetzen waren, das wusste ja jeder. Betrug musste also im Spiel sein.

»Die nehmen die Berechnung ganz anders vor!«, heizte ich die Vorstellungen über die kriminellen Energien bei der Ermittlung des Gesamtgewichtes weiter ein. Die Gesichter der Beteiligten beider Seiten zeigten jetzt höchstes Interesse.

»Die Italiener«, fuhr ich fort, »berechnen das Gewicht ihrer Komplettgarnitur ohne die Bowdenzüge!«

Betroffenes Schweigen erfüllte die Runde.

»Ihr vergleicht Äpfel mit Birnen!«, stellte ich ihr Gerede weiter bloß.

»Und darüber hinaus«, fuhr ich meinen Kahlschlag fort, »Ist es ebenfalls Fakt, dass die technischen Defekte der Campagnolo Record-Ausstattung um 85 % über denen der Dura Ace-Gruppe liegen!«

Natürlich war auch diese Aussage ebenso aus den Fingern gesogen wie die der angeblich unterschiedlichen Gewichtsberechnung. Aber sie hinterließ ihre Wirkung. Die Campa-Fahrer waren vollkommen entwaffnet und wirkten am Boden zerstört. Trotzdem wusste ich, dass es nur einige Augenblicke dauern würde, bis einer von ihnen aus seinem tiefsten Innern heraus die Rechtfertigung für seine gefühlsmäßige Vorliebe für Campa mit der Stilfrage begründen würde. Und dann würde das Gespräch wieder Unentschieden enden. Alle würden auseinanderlaufen, und die leidenschaftlichen Campa-Fahrer würden sich sogar zusätzlich darin bestätigt fühlen, dass sie den elitären Zirkel der Radsportstilisten bildeten. Sie hätten halt mehr Stil und würden deshalb gerne in Kauf nehmen, dass sie dafür ein wenig mehr an ihrer Ausrüstung pflegen und warten mussten. Und Pflege und Wartung war an den edlen Campa-Komponenten ja auch eine Freude.

Ich griff ihnen vor und brachte das Argument selbst.

»Na ja, im Endeffekt ist das natürlich auch eine Stilfrage!«

Ich ließ die Aussage ein wenig wirken und fuhr fort.

»Für mich ist das auch das Entscheidende! Deshalb fahre ich Shimano, auch wenn Campa nächstes Jahr was technisch Gleichwertiges auf den Markt bringen sollte.«

Damit war alles gesagt! Ich hatte sie davon überzeugt, dass Shimano technisch besser war, dass ich persönlich aber nur aus dem Grunde Shimano fuhr, weil ich die Marke als stilvoller empfand. Sie konnten jetzt zwar immer noch mit dem Stilargument kommen, aber die Stilfrage war damit schon im Voraus zu einer eindeutig subjektiven Empfindung degradiert. Damit konnte man keine Auseinandersetzung mehr gewinnen!

Für mich war die Unterhaltung damit beendet. Ich wandte mich ab und schlenderte ein wenig herum.

Ich selbst hatte mir schon überlegt, auf Campagnolo zu wechseln, weil die Record-Gruppe meiner Meinung nach noch einmal 100 bis 200 Gramm Gewicht zur Dura Ace einsparte. Außerdem gab es von Campagnolo dieses wunderschöne Carbon-Tretlager. Allerdings war das nur in der Kurbelarmlänge von 172,5 Millimeter erhältlich, und ich hatte mich auf 175 Millimeter Länge eingestellt. Bei meiner Größe von 1,87 m bildete ich mir ein, dass ich die Vorteile des längeren Hebels nutzen sollte. Sicherlich, es handelte sich hier um minimale Unterschiede, die in ihrer praktischen Wirkung kaum feststellbar waren. Ich konnte mich aber nicht dazu durchringen, ein Carbon-Tretlager für mehr als 500 Euro zu kaufen, weil ich mir eben nicht hundertprozentig sicher sein konnte, dass ich dadurch nicht sogar geringe Nachteile haben würde.

Diese Gedanken zur Kurbelarmlänge gingen mir gerade mal wieder durch den Kopf, als ich Zeuge einer verzweifelten Auseinandersetzung zweier Fahrer wurde.

»Ich weiß auch nicht«, gab der eine frustriert bekannt, »ich bin einfach nicht den Berg hochgekommen.«

»Aber du warst doch fit, hast du gesagt!«, monierte sein Teamfahrer vorwurfsvoll.

Ersterer starrte auf sein Fahrrad und schüttelte ratlos den Kopf.

In dieser Phase der Konfrontation war es ein Leichtes für einen geübten Redner wie mich, in den Wortwechsel einzusteigen und eine von mir vorgefertigte Theorie als Wahrheit zu verkaufen. Dieser suchende Blick in Richtung seines Rades verriet die Hoffnung, die schlechte Form auf das Material abwälzen zu können. Hier war man nicht nur offen für Argumente, hier würde zumindest der Langsamere der beiden alles daran setzen, jeden zur Begründung tauglichen Gedankengang sofort als unbedingt wahr anzunehmen.

»Du hast die falschen Kurbeln drauf!«, zündete ich die Bombe.

Die beiden sahen mich irritiert an.

Ich kniete nieder und besah mir die Kurbelrückseite. 172,5 Millimeter war dort eingestanzt. Ich sah an dem Fahrer herauf, schüttelte den Kopf und klärte ihn leicht vorwurfsvoll auf:

»172,5 Millimeter sind bei deiner Biomechanik doch viel zu kurz!«

In dieser Situation würde natürlich jeder nur halbwegs realistisch denkende Mensch einwenden, dass ein eventuell um 2,5 Millimeter zu kurzer Hebel nie und nimmer zu einer spürbaren Schwäche führen würde. Aber Realismus war hier nicht gefragt. Für mich drehte es sich darum klugzuschwätzen, und für den leistungsschwachen Fahrer ging es um eine geeignete Ausrede. Trotzdem stand natürlich zu befürchten, dass sein Teampartner die unsinnige Behauptung auffliegen lassen würde. Also setzte ich flugs nach.

»Das Problem ist zum einen, dass du 2,5 Millimeter Kraftarm verschenkst und damit bei jeder Kurbelumdrehung mit weniger Drehmoment fährst. Viel schwerwiegender aber ist, dass der von deinen Füßen zu beschreibende Kreisbogen nicht arealformatisch zu den Hebelwirkungen deiner Ober- und Unterschenkel verläuft.«

Der Satz saß! Ich war in Form! Ich hatte so ganz nebenbei sogar ein neues Wort erfunden – arealformatisch! Man konnte sich sofort irgendetwas vorstellen, was damit gemeint sein könnte, nur gehört hatte man es noch nicht. Aber das ließ sich natürlich keiner der beiden anmerken.

»Die tangentialen Kraftvektoren verlaufen gegen dich!«

Die beiden stierten mich überwältigt an.

Ich hatte keine Ahnung, ob dieser Satz auch nur den geringsten Sinn machte, aber er hörte sich unglaublich wissenschaftlich an. Nun war es nur noch wichtig, möglicherweise auftretende Zweifel schon im Keim zu ersticken. So musste früher oder später das Wissen darüber, dass die Kurbeln bisher ja auch nicht gegen ihn gelaufen waren, zu einer gewissen Skepsis gegenüber meinen Behauptungen führen.

»In der Ebene und bei flacheren Steigungen ist das kein Problem, bei dem kraftbetonten Fahren in den schweren Anstiegen ist die Wirkung aber fatal!« schob ich hinterher und hoffte, dass ich es nicht mit routinierten Bergfahrern zu tun hatte. Sie waren wie vermutet unerfahren und nahmen mir meine Theorie ab. Der Leistungsschwache bedankte sich und ich machte mich wieder auf die Suche nach weiteren Erörterungsmöglichkeiten.

Dabei wuchs in mir der Ehrgeiz, mit möglichst klug klingenden, aber vollkommen aus den Fingern gesogenen Argumenten Eindruck zu schinden. Mit Wissen Menschen zu überzeugen ist ja keine Kunst; ohne die geringste Ahnung als Mister Allwissend dazustehen, ist hingegen ein Meisterwerk.

Und so schreckte ich auch nicht davor zurück, mich in das Gespräch zweier Fahrerinnen einzuschalten, die sich über irgendwelches mir vollkommen unbekanntes Zubehör unterhielten.

»Mit Arantes B habe ich ganz schlechte Erfahrung gemacht«, sagte die Kurzhaarige.

»Arantes B?!« fuhr ich sie regelrecht an. »Mit Arantes B bin ich ja wirklich nur gut gefahren!«

Bei Frauen sind weniger die rationalen Begründungen wichtig, die verstehen sie ja meist ohnehin nur zum Teil, als die Emotionalität der dargelegten Meinung. Für Frauen ist die Beweisführung »das ist so, weil das so ist« durchaus schlüssig, wenn sie nur überzeugend genug betont wird.

Die Beiden sahen mich an, als würden sie noch einen Nachsatz erwarten.

»Mit Arantes B«, untermauerte ich meine Emotionalität, »fühle ich mich verbunden wie mit einem Freund.«

Sie lachten.

»Du bestellst Arantes B-Produkte?« fragte mich die Langhaarige ungläubig.

Ich hatte mir schon gedacht, dass Arantes B einer dieser vielen Versandanbieter wäre, die in den letzten Jahren förmlich aus dem Boden wuchsen.

Die Zeiten änderten sich und viele Radhändler nutzten die Gelegenheit, einen Euro nebenbei zu verdienen. Die Radzeitschriften waren voll mit solchen Inseraten, und im Grunde genommen langte ja auch schon die

Angabe einer Internetadresse, damit der mögliche Kunde sich die Produktpalette ansehen konnte.

»Ich habe fast alle Anbieter getestet, aber bei Arantes B bin ich hängen geblieben!« Ich antwortete wieder betont leidenschaftlich.

»Was bestellst du denn bei denen?«, fragte sie zweiflerisch.

»Alles was man so braucht«, hielt ich mich unverfänglich. »Ich hab aber darauf verzichtet, Arantes B-Produkte mit zur Transalp zu nehmen.«

Jetzt tauten meine Gesprächspartnerinnen auf und lachten los.

Ich hatte das Gespräch unter Kontrolle bekommen und setzte schnell noch ein Argumentchen drauf.

»Wenn man sich in die Produkte ein wenig einliest«, redete ich klug daher, »dann stellt man fest, dass Arantes B qualitativ ganz weit vorne angesiedelt ist.«

Sie sahen mich jetzt sehr interessiert an. Fast so, als würden sie Fakten erwarten. Damit konnte ich allerdings nicht dienen, wusste ich doch nicht einmal, was Arantes B so anzubieten hatte. Stellte das Unternehmen selbst Zubehörteile her? Oder vertrieben sie nur Zubehörteile? War es vielleicht eine Firma, die sich auf Leichtbau oder auf besonders formschöne Produkte spezialisiert hatte? Mir fiel es wie Schuppen von den Augen: Arantes B bot sich als stilvoller Schriftzug auf dem Unterrohr eines Rahmens ja geradezu an. Arantes B, das war mit an Sicherheit grenzender Wahrscheinlichkeit eine Firma, die sich auf edel aussehende Produkte spezialisiert hatte. Und deshalb war mir die Firma wohl auch vollkommen fremd. Als Mann war man ja hauptsächlich an Funktionalität und guten Eckdaten interessiert.

»Aber ehrlich gesagt interessiert mich die Stilfrage mehr als irgendwelche Testberichte«, brachte ich meine Argumentationsführung wieder auf eine unverfänglichere Ebene.

»Diese Farben und Schriften!«, schwärmte ich ihnen gefühlsduselig vor.

Die Langhaarige stimmte mir gleich zu, die Kurzhaarige war noch nicht überzeugt, schien meine Äußerungen aber sehr belustigend zu finden.

»Schade, dass es keine Bekleidung von Arantes B gibt«, setzte ich einen drauf.

Jetzt hatte ich sie beide. Das mit der Bekleidung schlug ein wie der Blitz.

»Also das finde ich eigentlich wichtig, dass die Farben aufeinander abgestimmt sind«, setzte ich nach.

Sie stimmten mir zu.

Der kopflose Steuerungsmechanismus der Frauen kennt nur gut oder böse, Liebe oder Hass, Euphorie oder Depression, Zustimmung oder Ablehnung. Und so musste die Zustimmung und die mir gegenüber signalisierte Verbundenheit als eindeutiger Sieg in der Diskussion gewertet werden. Ich kündigte an, irgendetwas erledigen zu wollen und ging meiner Wege.

Ich hatte es geschafft! Ich hatte einer Diskussion über eine mir vollkommen unbekannte Sache meinen Stempel aufgedrückt. Damit hatte ich bewiesen, dass ich Menschen in jeder erdenklichen Situation durch eine entsprechend geführte Argumentation davon überzeugen konnte, dass ich den Stein der Weisen gefunden hatte. Ich lachte mir ins Fäustchen. Die Menschen waren so einfach gestrickt!

In Ischgl fand die Pasta-Party ganz in der Nähe des Zielbereiches statt. Gerd und ich standen pünktlich um 18:00 Uhr in der Schlange und ließen uns die Teller auffüllen. Es gab Reis und Nudeln mit verschiedenen Soßen und ein Getränk nach Wahl. Außerdem hatten sie noch eine Salattheke für den Vitaminhaushalt hergerichtet. Wir aßen reichlich und musterten das Geschehen um uns herum. Es waren viele interessante Menschen zu beobachten. Hier hielten sich ja schließlich keine Langweiler auf. Die langweiligen Menschen waren vor den Fernsehgeräten der heimischen Haushalte zu finden. Sie sahen sich die Sendungen und Berichterstattungen über das Leben anderer Menschen an. Hier wurde eigene Lebensgeschichte geschrieben. Wer hier war, der wollte etwas ganz Besonderes leisten und erleben. Wer hier war, der verbrachte seine Feierabende zum großen Teil auf seinen Trainingsrunden und seine Wochenenden auf irgendwelchen Radveranstaltungen. Hier saßen keine willensschwachen Faulenzer!

Wie viele andere auch gingen Gerd und ich zeitig zurück ins Camp. Wir wollten möglichst früh schlafen, um für die Etappe nach Sölden optimal regeneriert zu sein. Und so bereiteten sich schon um 21:15 Uhr viele der Sportler auf die Nachtruhe vor, führten hier und da noch kurze Gespräche und verschwanden schließlich in ihrer einzigen Privatsphäre, dem Schlafsack.

Neben uns lag ein Fahrer der Master-Klasse auf einem Klappbett. Er hatte das Kopfteil ein wenig hochgeklappt und beobachtete still das Treiben.

»Schade, dass hier nur so wenige Frauen herumlaufen«, eröffnete ich scherzhaft das Gespräch.

»Ja«, antwortete er lachend, »ich könnte mir den Ausblick auch schöner vorstellen.«

»Obwohl«, schob er nach einer Weile nach, »für einen ist das hier auch das Paradies.«

»Für wen?«, bat ich um eine weitere Erklärung.

»Na, wir haben hier mindestens einen warmen Bruder in unserer Mitte.«

Ich lachte. Das war doch mal eine interessante Geschichte.

»Wen denn?«, forschte ich gespannt nach.

»Ich versuch ihn auch schon die ganze Zeit zu entdecken.«

Auch ich ließ jetzt meinen Blick durch die Reihen wandern, um nach Verdächtigen Ausschau zu halten. Ein Schwuler in unserer Mitte, das war ja mal eine Attraktion. Das würde ich gleich allen erzählen. So etwas ging rum wie ein Lauffeuer.

»Mir ist das auch nur erzählt worden«, klärte er mich auf. »Der Typ benutzt wohl Schminke und kennt sich mit all diesen Frauendingen aus. Hier soll er aber ganz normal rumlaufen.«

»Ein getarnter Schwuler also«, fasste ich zusammen.

»Ja, aber die beiden Frauen haben versprochen, mir den zu zeigen. Die müssten auch gleich kommen.«

Ich inspizierte weiterhin die Anwesenden und wartete wie auf glühenden Kohlen auf das Eintreffen unserer Informantinnen. Das eine Frauenteam war schon da, also musste es sich ja wahrscheinlich sogar um die handeln, mit denen ich über diesen Rahmenhersteller gesprochen hatte.

Obwohl, so hundertprozentig sicher war ich mir plötzlich gar nicht mehr, dass wir über Rennradrahmen gesprochen hatten.

»Sag mal«, fragte ich meinen Nachbarn auf dem Klappbett, »kennst du eigentlich Arantes B-Räder oder -Zubehörteile?«

»Ne«, antwortete er ungläubig, »davon hab ich noch nie was gehört!«

Ich kam ins Grübeln.

»Meinst du, dass Arantes B vielleicht gar nichts mit dem Radsport zu tun hat?«

»Eigentlich kenne ich alle Marken«, beantwortete er die Frage.

Ich war vor dem Gespräch mit den beiden Frauen auch davon überzeugt gewesen, alle Radsportmarken zu kennen. Es war ja auch gut möglich, dass Arantes B für Männer vollkommen unwichtige Produkte herstellte.

»Arantes B hört sich ja auch eher nach Schminkwaren an«, stellte ich in böser Ahnung fest.

»Würde ich auch sagen«, stimmte er mir zu.

Es gab einiges zu klären! Mir war die Sache mit den beiden Frauen offensichtlich etwas aus dem Ruder gelaufen. Sicher, ich hatte bewiesen, dass ich Menschen im Gespräch von meinem Wissen überzeugen konnte, selbst wenn ich überhaupt keine Ahnung von dem Thema hatte. Nur hatte ich halt nicht damit gerechnet, dass der Schuss so nach hinten losgehen konnte!

2. Etappe: Ischgl – Sölden

Montag, 28. Juni 2004. Puls 122 vor dem Start. Meine Beine fühlten sich besser an als am Vortag, machten mir aber noch Sorgen. Die Etappe begann mit einem neutralisierten Start. Die ersten 20 Kilometer rollten wir die Strecke zurück, die wir am Vortag von der zweiten Verpflegungsstation zum Ziel gefahren waren. Mir wurde jetzt klar, warum ich so langsam unterwegs gewesen war. Es ging deutlich bergab! Wir rollten mit um die 40 km/h locker dahin und hatten Zeit, uns auf die bevorstehenden Strapazen einzustimmen.

Das Einrollen endete dann abrupt, als wir von der Hauptstraße nach rechts hinauf Richtung Tobadill auf einen drei Kilometer langen und durchschnittlich 9 % steilen Anstieg abbogen. Auf der einspurigen Fahrbahn drängte sich das Fahrerfeld sofort dicht zusammen. Ich versuchte meinen Rhythmus zu finden und nutzte jede Lücke, um an vor mir fahrenden Fahrern vorbei zu kommen. Nach einigen Kehren lichtete sich dann langsam das Feld und ich konnte ungehindert meine Geschwindigkeit fahren.

Gerd hatte schnell abreißen lassen müssen, das hatte ich schon nach der zweiten Kehre gesehen. Dieses Mal scheute ich mich nicht, mich umzusehen, schließlich fürchtete ich keine Attacken. Ich arbeitete mir auf den 250 zu bewältigenden Höhenmetern einen kleinen Vorsprung aus, dann machte ich mich gemächlich an die etwa 5000 Meter lange Abfahrt nach Landeck. Von dort aus ging es etwa dreizehn Kilometer auf ebener Strecke zum nächsten Anstieg hinauf zur Pillerhöhe. Kurz hinter Landeck formte sich dann eine Gruppe, in die auch ich mich einreihte.

Es war keine schnelle Gruppe, aber ich hatte ja auch beschlossen die Beine auf dieser Etappe etwas hochzunehmen, und da kam mir das moderate Tempo entgegen. Wir fuhren etwa drei oder vier Kilometer zusammen, dann zog eine andere große Gruppe mit deutlich höherer Geschwindigkeit an uns vorbei. Und in dieser Gruppe war mein Teamkollege und persönlicher Widersacher Gerd. Er freute sich, mich wieder erreicht zu haben und ich musste einen Zahn zulegen, um mich hinter ihm in seine Gruppe einreihen zu können. Und in diesem Moment, in dem ich mich bemühte, mich hinter ihm einzureihen, wurde mir mein großer taktischer Fehler klar.

In meiner Jugend hatte ich mich für einige Jahre als Boxer versucht, und ich war auch ein ganz Guter im Gegen-den-Sandsack-hauen gewesen. Meine Kämpfe waren aber immer weniger beeindruckend. Ich konnte zwar einige gewinnen, aber zu oft prügelte ich mich mit Gegnern herum, die eigentlich zwei Klassen schlechter waren als ich. Erst gegen Ende meiner Boxlaufbahn, als ich mich nur noch aus Spaß mit irgendwelchen Sparringspartnern schlug, entdeckte ich meinen Fehler. Ich schlug im falschen Moment zu und ich zog mich im falschen Moment zurück.

Es ist gar nicht so entscheidend, wie man schlägt, sondern wann man schlägt. Wenn ich zum Beispiel vorne lag und den Kampf gut unter Kontrolle hatte, dann neigte ich dazu, mir Erholungspausen zu gönnen. Und genau in diesen Pausen wurde der Gegner dann nicht nur körperlich, sondern vor allem mental wieder stark, und im nächsten Augenblick war ich in eine wilde Keilerei verwickelt, die mir alles andere als Erholung bescherte.

Und genau das hatte ich jetzt mit Gerd gemacht. Ich hatte ihn zurück in den Kampf geholt. Er war jetzt vorne. Natürlich hätte ich nach Sölden einen Gang herausnehmen können, aber es war ein Fehler, dass er mich wieder zu Gesicht bekommen hatte. Und wenn ich auch nur mit einem durchgehenden Vorsprung von fünf Minuten ins Ziel gekommen wäre, so hätte ich ihm doch erzählen können, dass die Etappe für mich nur ein lockeres Fettstoffwechseltraining gewesen wäre, und dass ich die ganze Zeit auf ihn gewartet hätte. Er hätte sich dann mit dem erniedrigenden Gefühl herumplagen müssen, dass er zwar alles gegeben, den Anschluss zu seinem wartenden Teamkollegen aber trotzdem nicht erreicht hätte. Was wäre, hätte er sich zwangsläufig fragen müssen, wenn Lars sich auch noch angestrengt hätte? Er hätte sich an das Verlieren gewöhnt und es akzeptiert. So aber schöpfte er Mut und war mit Sicherheit entschlossen, seine Scharte vom Vortag wettzumachen.

Die Gruppe war schnell unterwegs und man sah Gerd deutlich an, dass ihm die hohen Geschwindigkeiten in der Ebene besser lagen als die Berge. Kurz hinter Prutz bei Kilometer 43 begann dann der Anstieg zur 1604 m hohen Pillerhöhe. Es waren gut 700 Höhenmeter mit zum Teil 11 % Steigung zu überwinden. Ich fuhr 39/27 und bemühte mich, nach Möglichkeit die Trittfrequenz nicht unter 70 fallen zu lassen. Hier würde ich Gerd schnell wieder einige Minuten abnehmen können.

Der Anstieg tat mir dann aber deutlich mehr weh, als die 700 Höhenmeter es annehmen ließen. Mir schien es eine nicht enden wollende Anreihung von Kehren mit zum Teil beißender Steigung zu sein. Ich bemühte mich, viel Kraft auf die Pedale zu bringen, wurde bei jeder falschen Bewegung jedoch wieder an mein muskuläres Problem erinnert. Das hatte zur Folge, dass ich immer noch nicht aus dem Sattel gehen konnte und den gesamten Anstieg sitzend bewältigen musste. Diese Fahrweise lag mir zwar, führte mit der Zeit aber zu kräftigen Verspannungen in der unteren Rückenmuskulatur. Ich litt und kam so ziemlich auf letzter Rille oben an.

In der etwa zehn Kilometer langen Abfahrt fuhr ich mir die Beine aber wieder locker und leistungsbereit. Wenn mir eines Mut gab, dann war es die Tatsache, dass die Muskeln sich auf den Abfahrten sehr schnell wieder lockerten und sich stark anfühlten. Trotzdem war ich mir immer noch nicht sicher, ob ich in Garda ankommen oder auf irgendeiner Etappe mit Krämpfen aussteigen würde. Es folgte ein etwa vier Kilometer langer Anstieg über 220 Höhenmeter, dann eine etwa 10 km lange Abfahrt und die letzten 40 km leicht bergauf. Ich musste mich quälen an diesem Tag, obwohl ich gefühlsmäßig deutlich langsamer als in der ersten Etappe unterwegs war. Im Ziel ließ Gerd nicht lange auf sich warten. 15 Minuten hatte ich ihm nur noch abgenommen, und er wirkte sehr zuversichtlich, dass dieses die letzten Minuten auf der Jeantex/Tour-Transalp 2004 wären. Er würde am morgigen Tag angreifen! Das wusste ich, und das wussten unsere Radsportkollegen, die sich Zuhause die Ergebnisse im Internet ansahen. Gerd war zurück in den Kampf gekommen!

Sölden

Auf Sölden hatte Gerd sich schon gefreut, als wir in Oberammergau am Abend vor dem Start der Tour das erste Mal unsere Schlafplätze in der Sporthalle aufbauten. Während ich meinen Schlafkomfort mit einer extra für diese Veranstaltung gekauften Luftmatratze gewährleistet hatte, rollte Gerd dort nämlich nur eine hauchdünne Isomatte aus. Genauso gut hätte er auf einem zurechtgeschnittenen Teppichstück schlafen können. Die Isomatte konnte bestenfalls als Markierung gedacht sein, wo er denn zu liegen hätte, Polsterungszwecke erfüllte sie auf jeden Fall keine.

Ich hatte aber nicht das geringste Mitleid mit Gerd, schließlich hatte er mir schon Monate zuvor erzählt, wie furchtbar es während der Transalp 2003 auf dieser unkomfortablen Isomatte gewesen wäre. Dieses Jahr, so hatte er mir versichert, wolle er eine Luftmatratze mitnehmen. Ich konnte nicht nachvollziehen, wie er mir einerseits in allen Einzelheiten von seinen Qualen auf der harten Unterlage erzählen konnte, es andererseits aber nicht geregelt bekam, sich rechtzeitig um Abhilfe zu kümmern. Es war seine eigene Dummheit gewesen, und dafür konnte er von mir keinerlei Anteilnahme erwarten.

Auf jeden Fall erzählte Gerd mir schon in Oberammergau von dem Luxus, der uns in Sölden erwarten würde. Sölden war ein Paradies für Wintersportler. Und so war die ganze Ortschaft übersät mit heimelig aussehenden Gästehäusern. Fast in jedem Haus in Sölden waren Zimmer und Apartments für Besucher eingerichtet. Da der Tourismus hier aber im Winter Hochkonjunktur hatte, blieben im Juli genug Zimmer frei, um auch uns Campschläfer der Transalp auf luxuriöse Unterkünfte verteilen zu können.

Gerd und ich hielten uns nach Ankunft in Sölden nur kurz im Zielbereich auf, dann ließen wir uns voller Neugier vom eigens eingerichteten Bus-Shuttle in unsere Unterkunft fahren. Sie hatten ein herrliches Doppelzimmer mit Balkon und eigener Dusche und WC für uns bereit gestellt. Gerd ließ sich sofort aufs Bett fallen und lag freudig Probe für die Nacht. Ich sah mir den Balkon an und fand einige Meter weiter die Tür zur Gemeinschaftsküche. Alles war perfekt! Das Bad war so sauber und einladend eingerichtet, dass wir mit Sicherheit in Streit über die Benutzungsreihenfolge geraten wären, hätte Gerd sich von seinem weich gefederten Bett lösen können. Ich nutzte die Zeit und genoss eine ausgiebige Dusche. Anschließend organisierte ich Müsli bei der Haushälterin und bereitete uns einen kleinen Snack auf dem Balkon vor. Gegen 18:00 Uhr gingen wir zur Pasta-Party. Es gab verschiedene Nudelgerichte, Salate und Obst. Wir aßen reichlich und unterhielten uns mit einigen anderen Fahrern. Nach einer Stunde zog es uns aber zurück zu unserem privaten Luxusheim.

Wir setzten uns wieder auf den Balkon und vergaßen uns beim Anblick malerischer Berge mit den abendlichen Sonnenstrahlen auf der Haut im Hier und Jetzt. Es blieb lange still und verträglich, doch dann riss das Donnern der feindlichen Artillerie mich aus meinem Frieden. Gerd bereitete seinen Angriff vor.

»Ja«, fuhr es selbstzufrieden aus ihm heraus, »heute ging es schon wieder ganz gut.«

Ich erschrak. Auf einem Schlag war die Idylle wieder voller Bedrohung. In mir stieg die Angst auf. Ich hatte meinen Gegner zurück in den Kampf geholt, und nun marschierte er entschlossen auf mich zu. Auf der nächsten Etappe musste ich volle Leistung bringen, ansonsten konnte es schlecht aussehen. Auf dem ersten Tagesabschnitt hatte er 50 Minuten verloren, auf dem zweiten nur noch 15. Wenn Gerd den zeitlichen Unterschied zwischen uns noch einmal so zu seinen Gunsten verändern konnte, dann würde er 20 Minuten vor mir ins Ziel kommen! Wie furchtbar! Ich würde am nächsten Tag bis zur totalen Erschöpfung kämpfen müssen.

»Oh, oh, oh, das wird hart morgen«, stöhnte mein Gegner. »Zwei gigantische Pässe, ich mag gar nicht dran denken.«

An seinem Gesichtsausdruck war deutlich zu erkennen, dass auch er Panik bei dem Gedanken an den kommenden Tag bekam. Allerdings begegneten wir der Panik vollkommen unterschiedlich. Denn während er sich nicht besser zu helfen wusste, als die Haushälterin um Bier zu bitten, profitierte ich von meiner gewissenhaften Vorbereitung.

Mein Perfektionismus, was das Streben nach sportlichen Höchstleistungen anbelangte, hatte mich auch an das mentale Training denken lassen. Kurz nach meiner Anmeldung zur Tour hatte ich mich in die psychologischen Trainingspraktiken zur Leistungssteigerung eingelesen. Zuerst einmal galt es, meine negativen Vorstellungen zu stoppen. Sobald in meinem Gehirn ein Gedanke darüber entstand, wie schrecklich es doch wäre, wenn alle im Internet sehen könnten, dass Gerd mich – würgte ich ihn einfach mit einem leise gesprochenen »Gedankenstopp« ab.

Nach einiger Zeit war ich so weit, dass ich zur nächsten Stufe übergehen konnte. Es genügte nicht, die negativen Gedanken abzuwürgen, es musste im Gegenzug auch ein positiver Film im Kopf produziert werden. Dazu legte ich mich auf den harten Boden, ließ die Arme neben meinem Körper ruhen und wendete mein wochenlang geübtes autogenes Training an. Ich war ganz schwer. Schwere. Ich war ganz warm. Wärme. Ich werde geatmet. Atmung.

Nach etwa fünf Minuten war ich zwar noch nicht versunken, aber ich war einigermaßen ruhig und aufnahmefähig. Nun ließ ich vor meinem geistigen Auge Bilder ablaufen, auf denen ich locker einen Berg hochpedalierte. Mal sitzend, mal im Wiegetritt zog ich an vielen anderen Fahrern vorbei. Ich bin stark und leicht, ging es mir gerade durch den Kopf, als mich ein lauter Knall aus dem Film riss. Es war Gerd. Er war beim Hereinkommen aus Versehen mit seiner Bierflasche gegen den Türrahmen geschlagen.

»Was machst du denn da unten?« fragte er mich verwundert.

Ich druckste ein wenig herum, weil mir gerade keine vertretbare Antwort einfiel.

»Kommst du mit rüber zu den anderen Jungs, ein Bier trinken?«

»Ne«, wehrte ich ab, »ich bleib hier.«

Er nahm einen genüsslichen Schluck und verließ das Zimmer. Gerd hatte sich nicht im Griff. Er war unprofessionell. Wie konnte er vor dieser entscheidenden Etappe nur Alkohol trinken? Morgen würde es ja nun wirklich um alles gehen. Wie furchtbar, wenn er – Gedankenstopp. Ich würde alles besser machen. Kein Alkohol und früh schlafen.

Ich brauchte einige Zeit, um mich zurück in die Versenkung zu bringen. Der Kopf steuert den Körper, und wenn der Kopf erst einmal davon überzeugt ist, die Berge hochfliegen zu können, dann wird der Körper das auch tun. Ich sah mich also wieder die Berge hochpedalieren und redete mir ein, leicht wie eine Feder zu sein. Gerds lautes Gelächter aus der Gemeinschaftsküche holte mich aus meiner Visualisation. Er hörte sich fit an – Gedankenstopp.

Ich versenkte mich noch einmal und bezog auch Gerd in den Film mit ein. Allerdings hatte er nur eine kurze Statistenrolle. Ich war leicht wie eine Feder und stark wie ein Gewichtheber. Die Visualisierung verlief störungsfrei und erfolgreich. Also holte ich mich mit einer speziellen Atemtechnik zurück ins Diesseits, ging einige Male hochmotiviert im Zimmer auf und ab und machte mich schließlich bettfertig. Pünktlich um 20:45 Uhr lag ich schlafbereit unter meiner Decke, als Gerd mit einer neuen Flasche Bier das Zimmer betrat.

»Was machst du denn da?«, gab er seiner Verwunderung über mein frühzeitiges im Bett liegen Ausdruck.

»Schlafen!«, antwortete ich entschlossen.

Gerd nahm einen Schluck Bier, drehte sich um und verließ kopfschüttelnd das Zimmer. Sollte er nur den Kopf schütteln, morgen würde er das nicht mehr tun. Ich war entschlossen. Ich war entschlossen alles aus meinem Körper herauszuholen. Ich war eine menschliche Hochleistungsmaschine, ich gierte geradezu nach hohen und steilen Bergen. Ich war so voller Leistung und Entschlossenheit, dass an Schlaf auch 20 Minuten später noch nicht im Geringsten zu denken war.

Ich hatte zu viel Arousal. Einfache Menschen würden auch sagen, dass ich zu wettkampferregt war. All meine gedanklichen Vorstellungen waren auf Leistung programmiert, da konnte mein Körper nicht einfach abschalten. Er dachte ja, dass es jeden Moment losgehen könnte. Also müsste ich mich wieder runterbringen. Ich versuchte es mit meinen Atemübungen, hatte aber keinen Erfolg. Größere Geschütze mussten aufgefahren werden. Ich entschied, mich mit einem sechzehnschrittigen Programm zur progressiven Muskelentspannung zu entarousalieren. Dazu legte ich mich wieder auf den harten Fußboden und absolvierte die einzelnen Programmpunkte. Es lief so ab, dass man die Muskeln einzelner genau festgelegter Körperpartien anspannte und nach sieben Sekunden ganz bewusst lockerte. Und genau auf diese Entspannung galt es sich zu konzentrieren, damit sie von den Muskeln direkt in den Kopf übergehen konnte. Ich arbeitete gerade die Partien meines Oberkörpers ab und spürte die enormen Muskelmassen, die sich dort bei mir auftürmten, als Gerd wieder in der Tür stand.

»Was machst du denn jetzt schon wieder auf dem Fußboden?«, fragte er vorwurfsvoll und griff scheinbar ohne eine Antwort zu erwarten nach seinem Universalwerkzeug und öffnete eine neue Bierflasche. Er sah gertenschlank aus. Während ich mit meinem massigen Oberkörper wie ein Schwergewichtsgewichtheber auf dem Boden lag, stand er aufrecht mit Lance Armstrongs Statur vor mir. Gerd schien für den Radsport wie geschaffen, was man von mir nicht unbedingt behaupten konnte.

»Sag mal, was faselst du da eigentlich die ganze Zeit vor dir her?«, fuhr Gerd mich regelrecht an.

»Gedankenstopp«, antwortete ich kaum hörbar.

»Was hast du gesagt?« Er schien seinen Ohren nicht getraut zu haben.

»Gedankenstopp!«, wiederholte ich laut und verständlich.

Gerd starrte mich einen kurzen Moment ungläubig an, dann verließ er das Zimmer und war kurze Zeit später schon wieder laut lachend in der Gemeinschaftsküche zu hören. Es schien, als wäre er nicht der einzige Fahrer, der unprofessionell Bier trank.

Ich brachte mich mit dem sechzehnschrittigen Programm zur progressiven Muskelentspannung trotz der Lärmbelästigung in eine auf Schlaf hoffen lassende Entspannung und legte mich zurück ins Bett. Endlich wurde es still in der Küche. Gerd kam herein.

Und dann geschah das Unfassbare! Ich glaubte meinen Augen und Ohren nicht trauen zu können! Er legte seine Sachen auf den Stuhl, stieg in sein Bett – und das war's. Er schlief! Er hatte es kaum noch geschafft, sich auf die Seite zu legen und seine Decke zurechtzurücken, da veränderte sich schon seine Atmung. Von einem Moment zum anderen hatte er die Atmung eines Schlafenden!

»Das kann ja wohl nicht wahr sein!«, flüsterte ich wütend.

Keine Reaktion.

»Gerd?«

Nichts.

»Schläfst du schon, Gerd?«

Keine Antwort.

Er schlief!

Während ich mich stundenlang abmühte, mein Arousal auf das richtige Niveau zu bringen und meine Entspannungstechniken diszipliniert durchführte, legte der sich einfach mit seinem besoffenen Arsch ins Bett und schlief!

Ich regte mich auf. Dieses Mal war es keine Wettkampferregung, sondern eine Schlafneiderregung. Na klar, er hatte ein wenig regenerationshemmenden Alkohol im Blut, aber dafür schlief er jetzt auch den erholsamen Schlaf des Gerechten, während ich mich von einer Seite auf die andere wälzte. Bei dem tiefen Schlaf würde er um 5:30 Uhr morgens nicht nur die drei oder vier Bier restlos abgebaut haben, sondern auch vollkommen regeneriert sein. Bei mir hingegen war an Schlaf gar nicht zu denken.

Ich stand auf, zog mich an und ging in die Gemeinschaftsküche. Niemand war mehr da. Alle lagen sie im Bett und schliefen. Ich fand ein volles Bier, öffnete es und nahm einen großen Schluck. Dann verließ ich mit der Flasche in der Hand das Haus.

Durch Sölden verläuft ein reißender Bergfluss. Die Schneeschmelze auf den Spitzen der umliegenden Berge war trotz der fortgeschrittenen Jahreszeit immer noch nicht ganz beendet, und so führte der Fluss das kalte Wasser auch in dieser Nacht in rasender Geschwindigkeit durch den Ort.

Ich ging an der Wasserstraße Richtung Zielankunft entlang und genoss die abstrahlende Kühle und das tosende Geräusch. Es waren etwa fünfzehn Minuten bis zu der von mir anvisierten Ortsmitte. Dort, so nahm ich an, würde ich ein offenes Lokal finden, in dem ich mir noch ein Bier genehmigen könnte.

Nachdem ich etwa fünf Minuten des Fußmarsches zurückgelegt hatte, sah ich einen alten Mann vor einem Haus auf einer Bank sitzen und zufrieden in den Abend schauen. Ich grüßte ihn und fragte nach einem Lokal. Er war ebenfalls nur Gast und konnte auch nur die Vermutung hegen, dass es in der Ortsmitte wohl mehrere geben würde. Wir kamen ins Gespräch. Er wohnte in Dortmund, verbrachte seinen Lebensabend aber meist auf Reisen. Vor seiner Zeit als Rentner war er kaum aus seiner Heimatstadt hinausgekommen, und nun holte er das für all die Jahre nach.

Ich trank den letzten Schluck Bier aus meiner Flasche und war im Begriff mich zu verabschieden, als er die Situation erfasste und mir eines anbot. Das war mir nur recht. Er ging ins Haus und kehrte mit einer Flasche zurück. Wir hatten beide wohl nichts Besseres vor und waren an einer Unterhaltung interessiert, hatten aber natürlich nur sehr wenig miteinander gemeinsam. Also brachte ich das Thema auf die Politik, weil man sich darüber mit jedem unterhalten konnte. Man regte sich einfach über die hohen Benzinpreise auf, über die Pleiten bei der Mautgebühr, die Gesundheitsreform, die Arbeitslosigkeit und was einem sonst noch so einfiel.

Dann fand man zwischendurch auch mal wieder Dinge gut, machte eigene Vorschläge, forderte dass dieses oder jenes zu machen sei und wurde sich untereinander immer einig. Das war auch kein Problem, schließlich musste man sich um die Umsetzung der eigenen Forderungen keine Sorgen machen. Es drehte sich einfach nur darum, vollkommen unverbindliche Gedanken zu produzieren, damit man das Gefühl hatte, sich einig zu sein. Und mit unverbindlichen Gedanken ist es wie mit dem elektrischen Strom. Wenn der elektrische Strom nicht den in jedem elektrischen Gerät vorhandenen Widerstand überwinden muss, sondern direkt zur Stromquelle zurückfließen kann, steigt die Stromstärke dramatisch an. Es liegt ein Kurzschluss vor. Und so ist das auch mit den Gedankenströmen. Gedanken fließen im Gehirn nämlich wie der elektrische Strom in den Leitungen. Ein jeder Gedanke, der in keine schwierig umzusetzende Tat mündet, fließt schnell und ohne Widerstand durch den Kopf, zieht weitere widerstandslose Gedanken nach sich und führt zu einem dramatischen Anstieg der Gedankenstromstärke.

Für den Betroffenen fühlt sich das wie Intelligenz an. Es ist aber nichts weiter als ein Kurzschluss. Ein endloses Denken und Reden an jedem Widerstand vorbei. Ein Schwall von unverbindlichen Theorien, die allesamt zu keinem konkreten Ergebnis führen. Aber wie gesagt, es fühlte sich an wie Intelligenz und man kommt sich sehr gut dabei vor. Und außerdem führt es zu einer Art Verbrüderung, weil wir uns in unserer Klugheit ja gegenseitig bestätigen und immer zur selben Meinung finden. Mir brachte diese Verbrüderung noch zwei gut gekühlte Flaschen Bier und ein nettes Gespräch ein. Ich verabschiedete mich und wir wünschten uns aufrichtig und ehrlich noch einen sehr schönen Urlaub.

Auf meinem Rückweg war deutlich zu spüren, dass ich doch mächtig einen im Kahn hatte. Ich trank nur selten Alkohol und nach den Strapazen des Tages schlug dieser doppelt an. Ich fingerte den Haustürschlüssel aus meiner Tasche und musste bei dem Versuch ihn ins Schloss einzuführen selbst über mich lachen. Es gelang mir und ich schaffte auch die Stufen in die erste Etage. Ich öffnete die Tür zu unserem Zimmer, ließ Jacke, Hose und T-Shirt auf den Boden fallen und legte mich ins Bett.

Gerd lag immer noch so da, wie er sich vor zwei Stunden hingelegt hatte. Ich konnte mir nicht vorstellen, dass Gerd jemals Bücher über mentales Training gelesen hatte. Gerd hatte so seine eigene Vorgehensweise, wenn er unter psychischen Druck geriet. Er trank ein paar Bier, unterhielt sich mit fremden Menschen und flachste ein wenig herum. Und das Schlimme daran war, dass das auch noch funktionierte. Auch bei mir. Hier endete für mich nämlich schlagartig der Abend in Sölden.

3. Etappe: Sölden – Brixen

Ich wachte mit lockeren Beinen auf und fühlte mich gut. Dank der Bierchen des Mannes aus Dortmund und des guten Gespräches war ich immerhin noch zu sechs Stunden Tiefschlaf gekommen. Das war ausreichend.

In Oberammergau hatten wir ein Roadbook erhalten, in dem die einzelnen Etappen ausführlich beschrieben wurden. Ich nahm es zur Hand und sah nach, was an diesem Tag auf uns wartete. Von Sölden würde es sofort 24 km bergauf zum 2500 m hoch gelegenen Timmelsjoch gehen, danach würde eine fast 30 km lange Abfahrt und dann direkt der Anstieg zum Jaufenpass folgen. Der Jaufenpass war bei weitem nicht so hoch wie das Timmelsjoch und sollte die letzte Herausforderung des Tages sein. Ich klappte das Roadbook zu, warf es in meine Tasche und stand zwei Stunden später bei aufreißender Wolkendecke voller Tatendrang am Start.

Da die schlechtere Zeit der beiden Fahrer eines Teams als Teamzeit gewertet wurde und Gerd die ersten beiden Tage nicht besonders schnell gewesen war, mussten wir das Rennen im Block C beginnen. Und selbst unsere relativ schlechte Teamzeit war in diesem Block eher eine der besseren. Das führte dazu, dass die meisten Fahrer um mich herum erheblich langsamer den Berg hochkurbelten als ich. Am Vortag hatte ich dadurch am Anstieg nach Tobadill den Nachteil gehabt, dass ich mich erst einmal nach vorne schlängeln musste.

Von Sölden aus ging es auf einer gut ausgebauten zweispurigen und voll gesperrten Straße hinauf zum Timmelsjoch, und ich konnte sofort ungehindert mein Tempo auf der linken Spur fahren. Das Starten aus dem

Block C hatte für mich Vor- und Nachteile. Auf der einen Seite wirkte es sicherlich sehr motivierend, die vielen Fahrer zu überholen, auf der anderen Seite hätte ich mich vorn an die starken Fahrer heften und mich von ihnen ziehen lassen können. Außerdem verlor man bei den neutralisierten Starts hinten mit Sicherheit Zeit, weil die Gruppen nicht wirklich wieder zusammengeführt wurden und man gar nicht mitbekam, wann das Rennen freigegeben wurde. Ich bin mir sicher, dass mich der Block C zwar motivierte, mich aber ein wenig Zeit kostete.

Die Steigung zum Timmelsjoch begann nicht sehr bissig. Sie lag meiner Fahrweise. Ich hatte festgestellt, dass ich immer dann besonders schnell vorankam, wenn ich meine Trittfrequenz über 70 Umdrehungen halten konnte. Ich konnte es und blieb auch in der Pulsfrequenz bei zu vertretenden Werten. Kilometer für Kilometer arbeitete ich mich vor. Bald schon war ich bei den Fahrern aus Block B, dann lichteten sich die Reihen. Das Feld zog sich nun Kilometer weit auseinander. Die Führenden mochten die Passhöhe schon erreicht haben, während die Letzten mit Sicherheit noch mehrere Kilometer hinter mir fuhren.

Die Steigung legte ein wenig zu. Ich fühlte mich gut. Die Beine funktionierten, und ich konnte es mir zum ersten Mal erlauben, zwischendurch aus dem Sattel zu gehen und einige Meter im Wiegetritt zurückzulegen. Die ganz harten Antritte waren noch nicht drin, aber die waren hier auch nicht nötig. Es wurde deutlich kühler. Nicht zu kalt, sondern angenehm erfrischend, solange man sich heraufarbeiten musste.

Die Schneegrenze kam näher. Ich erreichte jetzt nur noch vereinzelte Fahrer und kleine Gruppen. Mit einer fuhr ich eine Weile, dann setzte ich mich bei einer etwa 2 km langen Abfahrt ab. Es ging weiter hinauf zum Timmelsjoch. Ich beobachtete wieder das Phänomen, dass ich die Steigung nicht erkennen konnte. Einzig und allein mein Blick auf Tacho und den Pulsmesser zeigte mir, dass es hier recht steil aufwärts gehen musste.

Die Landschaft hatte sich beeindruckend verändert. Ich fuhr meinen Rhythmus und achtete das erste Mal bewusst auf meine Umgebung. Hier war fast nur noch Geröll zu sehen, und frische klare Schmelzwasserflüsse rauschten imponierend ins Tal. Dann begannen sich links und rechts von der Fahrbahn Schneewände aufzutürmen. Ich befand mich hier nicht auf der panischen Flucht vor meinem Teampartner und mutmaßlichen Verfolger, ich arbeitete mich hinauf und genoss die Landschaft. Es ging weiter und weiter. Hier versperrten keine Bäume mehr den Blick nach vorne, und so sah ich noch in weiter Ferne vor mir die Fahrer wie Ameisen die Straße heraufkriechen. Sie war schön, die Auffahrt zum Timmelsjoch, aber sie war auch lang und strapaziös. Schließlich erreichte ich die Passhöhe und damit die Verpflegungsstation. Ich streifte sofort meine Windjacke über und nahm ausreichend Kohlenhydrate und Mineralstoffe zu mir. Es war kalt und windig, und ich hatte es eilig, ins warme Tal zu fahren.

Vielleicht ist der größte Nachteil, den ich als Schleswig-Holsteiner habe, dass ich kein guter Abfahrer bin. Es ist schon frustrierend, wenn die letzten zehn Fahrer, an denen man sich bergauf vorbeigekämpft hat, in der Abfahrt mühelos an einem vorbeirauschen. Man sagt zwar immer, dass man in den Abfahrten keine Rennen gewinnt, aber einige von diesen Fahrern habe ich erst hinter der Ziellinie wieder zu Gesicht bekommen. Trotzdem blieb ich vorsichtig und unterdrückte meinen Ehrgeiz. Ein Fehler konnte hier fatale Folgen haben, und ich war ungeübt und unerfahren genug, mir einen unterlaufen zu lassen.

Es dauerte nicht lange, bis die Landschaft sich wieder im satten Grün zeigte und die Sonne mich angenehm wärmte. Es dauerte aber noch sehr lange, bis ich St. Leonhard, das Ende der Abfahrt und den Beginn des nächsten Anstiegs erreicht hatte. Ich hielt kurz an und verstaute meine Windjacke, dann ging es direkt bergauf. Ich war fast ein wenig froh darüber, denn bei 12 km/h konnte man sich kaum vor einer Kehre verbremsen, und ich wurde jetzt auch nicht mehr von anderen Fahrern überholt. Nun konnte ich wieder meine Stärken ausspielen.

Es fiel mir schwerer als am ersten Tag, meinen Puls auf 164 zu bekommen. Ich nahm es mir aber vor und schaffte es auch. Der Jaufenpass war für mich so etwas wie ein Endspurt, schließlich hatte ich am Morgen im Roadbook gesehen, dass er deutlich niedriger als das Timmelsjoch war, und dass es danach nur noch mehr oder weniger bergab bis zum Ziel ging. Nach all dem, was ich schon hinter mir hatte, würde ich nur so über diesen

Hügel hinweg fliegen. Auch in der Vorschau der täglich erscheinenden Gazette zur Jeantex/Tour-Transalp wurde der Jaufenpass nicht weiter erwähnt, während das Timmelsjoch als höchster Punkt der Transalp so einige Zeilen für sich in Anspruch nahm.

Ich schob mich an einigen Fahrern vorbei, die ich an diesem Tag schon mal unter großer Anstrengung im Anstieg bezwungen hatte. Es war warm. Die Landschaft war schön, das erkannte ich, aber ich war jetzt nicht mehr in der Lage, sie zu genießen. Die Pedalen leisteten erheblichen Widerstand und mein unterer Rücken zog fest. Regelmäßig schaltete ich in den zweiten oder dritten Gang und legte einige Meter im Wiegetritt zurück, dann kämpfte ich mich sitzend wieder mit der 39/27 Übersetzung ab. Es kam eine Kehre, dann noch eine und noch eine. Ich hoffte darauf, dass ich nach der nächsten die Passhöhe sehen könnte, wurde aber enttäuscht. Ich begann zu leiden. Wir fuhren durch eine Ortschaft und wurden von vielen Zuschauern angefeuert. Das gab mir Motivation für einige Minuten, dann machte der Anstieg mich wieder mürbe. Das Ding musste doch mal ein Ende nehmen! Sie hatten uns doch schon die 25 Kilometer zum Timmelsjoch hinaufgezwungen, was wollten die denn noch? Ich erwartete sekündlich, den Jaufenpass vor mir auftauchen zu sehen. Vergebens. Irgendwann standen dann einige Leute vor einem Haus und feuerten uns begeistert an.

»Bravo, Jungs«, rief ein dunkelhaariger Mann und klatschte dabei eifrig in die Hände, »noch 40 Minuten!«

Noch 40 Minuten?! Hatte er gesagt 40 Minuten? Oder 40 Meter? Ich bemühte mich, im Nachhinein 40 Meter verstanden zu haben, aber der Pass lag ja offensichtlich nicht vor mir. Also konnte das nicht sein. 400 Meter? Nein, er hatte 40 Minuten gesagt! 40 Minuten bis ins Ziel? Das konnte auch nicht sein, schließlich waren vom Jaufenpass noch 50 km bis Brixen zurückzulegen. 14 Minuten? Hatte er vielleicht 14 Minuten gesagt? 14 Minuten schienen mir eine unglaublich lange Zeit zu sein. Ich wollte mich keine 14 Minuten mehr quälen, ich war ja schon viel länger in diesem Anstieg, als ich es für möglich gehalten hatte. Ich wollte diesen verdammten Pass erreichen und dann abwärts ins Ziel rollen! Es half nichts.

Ich versuchte, mich mit den 14 Minuten zu arrangieren. Es gab keine andere Möglichkeit, ich musste fahren und fahren bis es so weit war. Hatte ich mir die Selbstüberwindung nicht zum Ziel gesetzt? Hatte ich mir nicht gewünscht, Grenzen zu verschieben? An diesen Strapazen zu wachsen? Ich wusste, dass das meine Gedanken vor der Tour gewesen waren, und dass ich mich froh darüber schätzen konnte, dass meine Beine nicht mehr krampften. Wären diese Strapazen einen Tag früher gekommen, ich hätte wahrscheinlich aussteigen müssen. Ich beschloss rückwärts zu zählen. Noch zwölf Minuten, nahm ich an. Zwölf Minuten Zähne zusammenbeißen. Zwölf Minuten. Ich unterteilte die Minute in Sekunden. 10 Sekunden würde ich im Wiegetritt fahren, dann 30 sitzend und danach wieder im Wiegetritt. Vor mir mühte sich ein Fahrer ab. Ich konnte mich nicht mehr motivieren, ihn einzuholen. Alles was zählte war, diesen 30-10-Sekundentakt durchzuhalten. Als ich bei 9 Minuten angekommen war, ging es um eine Kehre. Ich nahm in der Hoffnung auf ein baldiges Ende meines Leidens den Blick vom Asphalt und suchte nach dem weiteren Streckenverlauf.

Es war unfassbar! Ich hätte mit allem gerechnet, aber das war eine Nummer zu groß! Ich wurde von einer Welle der Verzweiflung förmlich zu Boden geschleudert! Der dichte Baumbewuchs hatte hier sein Ende gefunden und ließ eine freie Sicht auf die Realität zu. Es ging noch endlos weiter steil bergauf! Der Mann hatte tatsächlich 40 Minuten gesagt und damit auf keinen Fall übertrieben! Noch kilometerweit vor mir kämpften sich vereinzelte Fahrer den Jaufenpass hinauf. Alles in mir rebellierte! Was machte ich hier überhaupt? Was hatte das mit Sport zu tun? Warum konnte ich nicht einfach ins Fitnesscenter gehen und zwei Stunden Hanteln stemmen, mich unterhalten, lachen und Frauen anflirten? Warum fuhr ich nicht einfach eine Stunde Spinning, ging anschließend in die Sauna und unterhielt mich darüber, wie anstrengend die Stunde gewesen war? Das wäre Sport, dieses hier war etwas anderes, dieses hier war Schikane!

Ich litt, war zwischenzeitlich mal wieder kurz zwischen Bäumen und dann wieder im Freien, bei Gegenwind. Ich war allein mit mir, kämpfte gegen mich und gegen diesen Pass. Gerd hatte mir diesen Scheiß eingebrockt! Er hatte schon im Vorjahr an der Transalp teilgenommen und mir weisgemacht, dass sie ein besonderes Erlebnis sei. Auf solche Erlebnisse konnte ich verzichten! Ich würde aufhören mit dem Radsport! Schluss damit! Es langte! Dieses hier hatte nichts Freiwilliges und Menschliches mehr an sich! Dieses hier durfte man niemandem alles tolles Erlebnis verkaufen!

Irgendwann war ich trotzdem oben. Ich empfand keine Freude, keine Erleichterung oder so etwas. Ich war einfach nur oben, zog meine Windjacke über, nahm Kohlenhydrate zu mir und machte mich an die Abfahrt. Als ich nach 15 km in Sterzing ankam, fühlten sich meine Beine den Umständen entsprechend wieder gut an. 90 Kilometer hatte ich jetzt hinter mir, und so weit ich mich erinnern konnte, sollte die Etappe 126 km lang sein. Der Wind stand sehr gut, ich ging in die Unterlenkerhaltung und nahm Fahrt auf. Zwei weitere Fahrer schlossen von hinten auf und wir machten gemeinsam Tempo. Zu dritt sammelten wir dann weitere einzelne Fahrer auf und schließlich erreichte uns dann noch eine sehr schnelle Gruppe von hinten. Die Straße war leicht abfällig, der Wind trieb uns an und wir waren richtig schnell. Die Kilometer schmolzen bei teilweise über 50 km/h dahin. 9 km vor dem Ziel kamen dann noch einmal einige kurze ruppige Anstiege und rissen die Gruppe auseinander. Es waren schöne Kilometer, die letzten dieses Tages. Sie versöhnten mich mit den Schikanen und ließen mich all meine negativen Gedanken vergessen.

Das Etappenziel, den Domplatz von Brixen, erreichte ich als stolzer und glücklicher Mensch.

Brixen

Gerd schaffte es nicht nur, sich wie ich über die Berge zu quälen, er schaffte es sogar, sich erheblich länger darüber zu quälen. Aus irgendeinem Grunde war er nicht in Form. Die Abstände zwischen uns waren viel größer, als ich es mir in meinen kühnsten Träumen erhofft hatte. Gerd war körperlich nicht auf der Höhe, trug einen Infekt in sich oder litt an irgendeiner anderen Schwächung. Ich konnte mir nicht vorstellen, dass ich den Jaufenpass bezwungen hätte, wenn ich auch nur fünf Minuten länger benötigt hätte, Gerd hatte aber fast eine Stunde länger in den Anstiegen gekämpft!

Und dann ist es auch noch ein Unterschied, ob man sich mit dem Bewusstsein persönlicher Bestleistung den Berg hinaufarbeitet, oder ob man sich bis zum Äußersten abplagen muss, nur um als Verlierer weit unter seinen Möglichkeiten ins Ziel zu kommen. Und so war der Kampf zwischen Gerd und mir auch spätestens in Brixen beendet. Er war nicht gut drauf, und ich hatte kein Interesse mehr daran, ihn zusätzlich zu demotivieren. Ganz im Gegenteil, mir lag daran, ihn wieder aufzubauen.

Wenn Gerd und ich eine gemeinsame Stärke hatten, dann war das die, dass wir mit Abstand das bestaussehendste Team der Jeantex/Tour-Transalp waren. Wir waren die absoluten Frauenschwärme. Gerd wickelte mit seinen 51 Jahren die Damenwelt zwischen 25 und 80 um seinen Finger, während ich die Frauenwelt zwischen 18 und 80 betörte. Na ja, gut, ich war mir auf jeden Fall sicher, dass ich es konnte.

Bisher hatte hier nur Gerd seine männlichen Reize ausgespielt. Es war egal, ob es sich um die Frauen bei der Essenausgabe der Pasta-Party oder um eine medizinische Helferin drehte, ob es sich um weibliche Teilnehmerinnen der Tour oder um zufällig anwesende Touristinnen handelte, Gerd hatte sie alle in der Hand. Er nutzte jede Gelegenheit, um seinen Charme auszuspielen. Und so war es in Brixen schon kaum mehr möglich, mit Gerd an Frauen vorbeizugehen, ohne dass diese ihn verschmitzt grüßten. Seine größten Waffen waren dabei seine Erfahrung und seine Intelligenz, die er nie offen zur Schau stellte. Er gab sich immer ein wenig einfacher gestrickt als er war und nutzte die bestehende Reserve zu seinem Vorteil aus. Auf diesem Gebiet, da war ich mir sicher, würden wir alle anderen Teams problemlos ausstechen.

Nicht ohne Grund hatte ein bekanntes Radsport-Versandhaus uns als Models angeworben. Vielleicht war es übertrieben zu behaupten, dass sie uns entdeckt hätten. Vielmehr waren wir ihnen durch einen glücklichen Zufall in die Hände gefallen. Einige Wochen vor der Transalp hatte ich ein Schreiben im Postkasten liegen, in dem jedem Team, in dem mindestens einer der beiden Fahrer ein vom Versand bestelltes Rennrad fuhr, angeboten wurde, sich an einer Fotoaktion zu beteiligen.

Ich meldete uns sofort dafür an, und wir bekamen Trikots, Hosen und Strümpfe kostenlos zugesandt. Im Gegenzug stimmten wir zu, dass von uns geschossene Fotos während der Tour im Versand-Katalog oder auf ihrer Internetseite veröffentlicht werden durften. Maximal 20 Teams konnten an dieser Aktion teilnehmen, aber mir war sofort klar, dass die Bilder von Gerd und mir alle anderen Teilnehmer aus dem Rennen werfen würden.

Vor meinem geistigen Auge sah ich den neuen Katalog schon vor mir. Gleich die erste Seite, das Deckblatt, war mit einem vollflächigen Bild von mir verziert. Mit entschlossenem, ja geradezu heroischem Gesichtsausdruck fuhr ich dort vor herrlichem Hintergrund einen unbezwingbar wirkenden Berg hinauf. Jede Faser meines durchtrainierten Körpers angespannt und meinem starken Willen gehorchend. Ein Bild voller Männlichkeit, das alle Frauen schwach machen musste.

Und so war ich auch nicht müde geworden, jedem der es wissen wollte (und auch denen, die es eigentlich nicht wissen wollten) von unserem Modelvertrag zu erzählen. Jeder sollte sich diesen Katalog besorgen, in dem auch Gerd ab Seite 4 oder 5 auf natürlich deutlich kleineren Fotos zu sehen sein würde.

Vorerst aber gab es diesen Katalog noch nicht. Vorerst waren wir hier in Brixen, und viele italienische Frauen warteten auf dem Domplatz darauf, von uns angeflirtet zu werden. Da war es nur passend, dass die allabendliche Pasta-Party heute exakt auf diesem Domplatz stattfand. Bisher hatte ich Gerd nur von meiner unglaublichen Wirkung auf Frauen erzählt, jetzt war ich entschlossen, sie ihm auch zu demonstrieren.

Wir machten uns gegen 17:15 Uhr auf den Weg vom Camp zur Pasta-Party. In der Mitte des Domplatzes waren der Zieleinlauf und die verschiedenen Stände der Veranstaltung aufgebaut. Außen herum gab es viele kleinere und größere Lokale mit Tischen im Freien, an denen Einheimische und Touristen das herrliche Wetter genossen. Es herrschte sommerliche Lebenslust. Die Menschen spürten, dass sie hier und jetzt ihr Leben genießen mussten, es würde sich keine bessere Gelegenheit mehr bieten. Gerd und ich schlenderten über den Platz und inspizierten die Lage. Vor einem etwas nobler wirkenden Lokal entdeckte ich sie dann. Vier Exemplare der absoluten Spitzenklasse! Sie hatten Rasse und Klasse! Sie thronten auf ihren Stühlen und demonstrierten ihre Überlegenheit. Keiner würde es sich herausnehmen sie anzusprechen, aber die Blicke fast aller Männer wurden magisch von diesen Vorführmodellen angezogen. Lange dunkle Haare, braun gebrannte Haut und gekonnt zur Schau gestellte Kurven.

Ich strotzte vor Selbstbewusstsein, schließlich hatte ich vor einigen Stunden den Jaufenpass bezwungen, und hier bot sich die Gelegenheit, Gerd mit einem Schlage beweisen zu können, dass ich auch bei der Damenwelt in der allerhöchsten Liga spielte.

»Siehst du die Katzen da drüben?«, fragte ich lässig und machte eine kurze Kopfbewegung in Richtung der Grazien. »Da werde ich gleich mal ´ne kleine Attacke fahren müssen!«

»Ooohh«, fuhr es aus Gerd heraus, »da hast du aber ganz schlechte Karten!«

Ich fühlte mich gekränkt, lächelte überheblich und behauptete, dass die vier genau meinem Beuteschema entsprechen würden.

Gerd gab wieder so einen skeptischen Laut von sich und verzog sein Gesicht in einer Weise, die ungefähr so viel sagte, wie: Ach Junge, füll dir doch nicht mehr auf, als du essen kannst!

Ich fühlte mich nicht ernst genommen und behauptete, schon ganz andere Kaliber gehabt zu haben.

»Das will ich dir ja glauben«, behauptete Gerd, »ich hab nur die Befürchtung, dass du dich so ein bisschen zum Kasper machen könntest!«

Er glaubte es mir also nicht! Wie konnte er es mir glauben und dann befürchten, dass ich mich zum Kasper machen würde? Was er meinte, hieß doch nur so viel wie: Ach, eigentlich halte ich dich für einen Kasper, aber damit du dich gut fühlst, tue ich einfach mal so, als ob ich dich für den Größten halten würde.

Und um das auch noch zu untermauern zwinkerte er mir mit der Überlegenheit des Erfahreneren zu, was so viel bedeutete wie: Nun hör mal lieber auf mich, Kleiner, wir wissen beide, dass das nichts wird!

Für einen Moment, einen ganz kurzen Augenblick, ließ ich mich davon verunsichern; in der nächsten Sekunde wich diese Verunsicherung aber wieder einem schier unbesiegbaren Selbstbewusstsein.

»Nun hör mal zu«, kündigte ich entschlossen an, »ich gehe da jetzt rüber und mach die vier Schnitten klar!«

Gerd erkannte die Unmöglichkeit, mich von meinem Vorhaben abzubringen, lenkte ein, bestand aber darauf, zuerst zu essen.

Jeden Abend von 18:00 bis etwa 20:00 Uhr fand die Pasta-Party statt. Organisiert wurde sie, soviel ich mitbekam, von einheimischen Gastronomen, und so gab es auch jedes Mal etwas anderes zu essen. Zwar Nudeln, aber in anderer Menge und anders zubereitet. In Oberammergau gab es Nudeln mit Hackfleischsoße satt, in Ischgl viele verschiedene Nudelgerichte, Salate, Bananen und Melonen. In Oberammergau konnte man sich einen Nachschlag holen, in Ischgl war ich mir da nicht so sicher und türmte mein Essen zu einem riesigen Turm auf, um den Teller optimal auszunutzen. Beide Pasta-Partys verließ ich schwer atmend.

Die Party in Brixen war vom Essen her die bis dahin liebloseste. Es gab einen Plastikteller voll Nudeln mit trockenem Parmesankäse darüber. Zur

Entschädigung gab es das aber unter strahlend blauem Himmel. Wir setzten uns auf eine Bank, ließen die Sonne auf uns scheinen und stellten fest, dass die Nudeln doch besser als angenommen schmeckten, und dass in diesen tiefen Tellern wohl auch mehr drin war, als man auf den ersten Blick befürchtet hatte. Und so war es dann auch wie an den Abenden zuvor, ich versank im Essen.

Erst ein lautes »Guten Appetit« holte mich in die Welt zurück. Es waren die Holländer. Wir hatten sie am ersten Abend in Oberammergau kennen gelernt. Sie waren ebenfalls Campschläfer und hatten genau neben uns gelegen. Sehr lustige Typen und offenbar auch gut mit dem Rad unterwegs. »Wir haben was für euch«, kündigte einer an und hielt uns zwei Bilder hin. Es waren irgendwelche gestellten Radrennfotos.

Auf dem einen Foto fuhr ein schlanker Typ im armstrongtypischen Wiegetritt und mit entschlossenem Gesichtsausdruck einen Berg hoch und setzte offensichtlich gerade zur alles entscheidenden Attacke gegen einen vor ihm fahrenden Kontrahenten an. Im Hintergrund hohe Berge und ein Begleitmotorrad. Alles wirkte sehr professionell.

Auf dem anderen Foto vor gleichem Hintergrund, allerdings ohne Begleitmotorrad, saß ein dicker Typ mit schmerzverzerrter Grimasse und fuhr die Strecke mutterseelenallein entlang. Während das erste Bild voller Dynamik war, saß der Dicke einfach nur plump auf dem Rad und stampfte wie der geborene Verlierer hinterher. Ich nahm an, dass das so typisch holländischer Humor wäre und lachte. Zwei Typen im gleichen Berg, an gleicher Stelle und mit gleichen Klamotten, der eine ein Gewinner, der andere ein Verlierer.

Gerd nahm sich das Foto vom Gewinner und mir wurde das vom Dicken in die Hand gedrückt. Ich bedankte mich und wurde darüber aufgeklärt, dass die Fotos ein Geschenk von der Gemeinde Sölden wären. Und tatsächlich, im Hintergrund war ein großes Schild mit der Aufschrift »Sölden« aufgestellt. Ich sah mir noch einmal den Fahrer an. Sein pausbäckiger Kopf saß scheinbar ohne Hals übergangslos auf dem Körper, und ein viel zu kleiner Helm machte das unmögliche Aussehen perfekt. Die Beine sahen aus wie Würste, ohne irgendwelche Konturen, die auf Muskulatur schließen ließen.

Und dann sah ich, dass er ein schwarzes Red Bull fuhr wie ich. Und er trug auch das gleiche Trikot wie ich. Er hatte meine Startnummer! Und meine Billigsonnenbrille vom Kaffeeröster! Der Dicke war ich! Es war kaum zu glauben, aber alles sprach dafür. Ich sah noch einmal auf Gerds Bild. Es war unmöglich, wie konnten wir nur so unterschiedlich rüber kommen?

Ich betrachtete mich noch einmal genauer. Das war ich, klar, aber seit wann hatte ich denn so einen dicken Kopf? Und dieser unförmige Körper, der wie ein geknicktes U-Boot auf dem Rad hing! Ich legte das Bild weg, aß eine Nudel und nahm es wieder zur Hand. Das war ich! Der Dicke da entsprach aber beim besten Willen nicht dem Bild, das ich selbst von mir hatte. Vielleicht hatte ich auch einfach nur nicht mitbekommen, wie ich mich gewandelt hatte. Ich hatte immer noch das athletische Bild meiner Jugend vor mir gehabt, und nun sah ich offenbar aus wie ein dicker Teddy. Ich legte das Bild weg, steckte mir weitere Nudeln in meinen aufgedunsenen Kopf, kaute einige Male und würgte sie ohne den Umweg eines Halses direkt in meinen Körper hinein.

Die nächsten Nudeln nahm ich mir vor häufiger zu kauen, weil es aber so langweilig war, schob ich mir schon mal die nächste Gabel in den Mund und dann noch eine. Mehr passte nun wirklich nicht rein. Ich war voll und ganz mit der Zerbreiung beschäftigt, als sich mein Blick unerwartet mit dem einer älteren Frau kreuzte. Sie sah sofort weg und tat so, als ob sie mich nie angesehen hätte. In ihren Augen aber glaubte ich Ekel erkannt zu haben. Sie hatten diesen Ausdruck, der sagen wollte: Guck dir mal an, wie der Dicke da hinten sich voll frisst!

Ich behielt sie im Augenwinkel und bemerkte, dass sie immer wieder zu mir herüber sah. Die Faszination des Ekels! Ich das Objekt des Ekels! Ich nahm nur noch eine Gabel in den Mund und setzte mich betont aufrecht hin, um schlanker zu wirken. Sie verschwand, aber die Narbe in meinem Selbstbewusstsein blieb. Und überhaupt, hatte ich nicht vor einigen Wochen eine alte Klassenkameradin getroffen, die mich mopsiger als früher fand? Wann war ich überhaupt das letzte Mal bei einer Frau gelandet? Sicher, ich hatte angeblich kein Interesse mehr daran, aber hatte ich mir da vielleicht nur was vorgemacht? Ich will nicht, was ich eh nicht haben kann? Ich fühlte mich plötzlich unwohl zwischen all den Menschen. Mir war nach Zurückgezogenheit. Ich wollte mit meinem neuen Selbstbild allein sein.

»Lass uns ins Camp«, schlug ich Gerd vor.

»Gleich«, antwortete er. »Du hast ja noch was vor.«

Ich stutzte.

»Die Mädels«, erinnerte er mich an mein Vorhaben.

»Jetzt?!«, fuhr es aus mir heraus.

»Kein Problem für dich«, entgegnete Gerd mir überheblich.

Er traute es mir nicht zu, das ließ er mich deutlich spüren. Und auch ich hatte jetzt meine Bedenken, faselte etwas von Motivationsproblemen und suchte allerlei Ausflüchte. Aber er, der mich noch vor kurzer Zeit von dieser Idee abbringen wollte, ließ mir nun keinen Ausweg mehr. Ich sah zu den vier Katzen hinüber. Es war lächerlich anzunehmen, dass die sich mit mir abgeben würden. Wer war ich denn? Irgendein x-beliebiger Mops! Gerd erkannte meine Unsicherheit genau, schickte mich mit einer kurzen auffordernden Kopfbewegung in Richtung der Grazien jedoch gnadenlos direkt ins Feuer.

Im Nachhinein betrachtet bin ich mir sogar sicher, dass ich die Situation als Flirtmops noch hätte retten können, wenn die Umstände nicht so vehement gegen mich gespielt hätten. Ich war auf Gerds Kopfbewegung hin ohne weiteren Schlachtplan auf den anzugreifenden Tisch zumarschiert, voller Hoffnung, dass mir während des Gehens schon irgendein Spruch einfallen würde.

Ausgerechnet die Hübscheste der vier Frauen sah jedoch in dem Moment, in dem ich meinen dritten oder vierten Schritt ansetzte, gelangweilt zu mir hin und fixierte mich mit ihren Augen. Und nun drehten all meine Gedanken sich nur noch darum, richtig zu gehen und möglichst schlank auszusehen. Des Weiteren hörten aus mir unerklärlichen Gründen alle Gespräche an den umherstehenden Tischen mit Beginn meines Marsches auf. Vollkommen verspannt und mit einer totalen Lähmung meiner Schlagfertigkeit kam ich vor dem Tisch unfallfrei zum Stehen. Die vier sahen mich fragend an. Hier geschah etwas Furchtbares, das merkten auch die uns umgebenden Menschen und glotzten mich schaulustig an.

Mir gingen verschiedene Eröffnungsvarianten durch den Kopf: »Na« würde nur eine Sekunde Zeit herausschinden und einen sinnvollen Satz nach sich ziehen müssen. »Hallo« war genauso gehaltlos wie »Na«. »Kommt ihr von hier?« konnte man sich in der Konfirmandendisco noch erlauben, hier würde das ein schallendes Gelächter der Zuschauer hervorrufen. »How are you?« hatte etwas Internationales, passte aber nicht so sehr zu dem Mops, der seit ungefähr drei Sekunden dümmlich auf die für ihn viel zu hübschen Frauen starrte. Ich spürte die Blicke aller Umhersitzenden auf mir lasten. Die Schöne nahm einen Zug von ihrer Zigarette und sah mich abfällig an. Konnte ich sie nach Feuer fragen? Aber was sollte ich dann mit dem Feuer machen? Also auch gleich um eine Zigarette bitten?

Und dann war die Linie der zeitlichen Hinauszögerungsmöglichkeit bereits überschritten. Für eine Eröffnungsvariante ganz gleich welcher Art war es zu spät, denn die Situation war schon längst aus dem Ruder gelaufen und mir voll und ganz entglitten. Was blieb, war meinen Körper dort wegzubewegen. Ich zögerte jedoch, weil es unwiderruflich meine Kapitulation bedeutet hätte.

»Aah, da zeigt der Gute aber mal wieder seinen ausgezeichneten Geschmack«, hörte ich es von hinten sagen. Dann einige Worte auf italienisch. Die Frauen lächelten geschmeichelt. Gerd schob mich ein wenig zur Seite, gestikulierte mit Armen und Beinen herum, redete deutsch, englisch und einige Brocken italienisch, lachte und flirtete aufs Äußerste. Die vier Grazien zeigten sich ganz angetan von dieser ungewöhnlichen Aufheiterung, legten sich ebenfalls ins Zeug und wirkten aufrichtig enttäuscht, als Gerd sich verabschiedete, um mir meine Flucht zu ermöglichen.

Wir verloren kein Wort über meine Blamage. Der Vorfall wurde kommentarlos zu den Akten gelegt. Im ersten Moment war ich auch froh darüber, rückwirkend betrachtet scheint mir die Sache aber schon erwähnenswert zu sein. In Brixen hatten Gerd und ich nämlich zum ersten Mal als Team funktioniert.

… und nochmal Brixen

Die Veranstalter der Tour hatten sich auch bei der Auswahl der Etappenorte größte Mühe gegeben. Jeder Ort allein taugte als Urlaubsziel und war dementsprechend auf den Tourismus ausgelegt. Überall gab es kleine Cafés und Souvenirgeschäfte. Der Ausblick auf die umliegenden Berge war traumhaft und es gab mit Sicherheit viel zu entdecken. Was bot sich da mehr an, als diese tolle Möglichkeit der Erholung nach den Strapazen des Rennens auch zu nutzen.

Nach meiner Pleite auf dem Domplatz hielt mich nichts mehr in der Menschenmenge. Mir war danach, alleine die Stadt zu erkunden. Ich verfügte zwar über keinen Stadtplan, aber schon bei der Bundeswehr hatte sich mein hervorragender Orientierungssinn gezeigt. Ein erster Platz beim Orientierungsmarsch brachte mir damals den Händedruck des Kompaniechefs ein. Böse Zungen neideten mir den Erfolg und behaupteten einige Wochen später, dass mein Partner allein für den ersten Platz hätte ausgezeichnet werden müssen. Sie fanden sich in ihrer Missgunst bestätigt, weil ich nach einem Partnerwechsel beim abschließenden Orientierungsmarsch Letzter wurde. Aber das war eine andere Geschichte. Im Grunde genommen wurden wir gar nicht Letzter. Ich würde eher sagen, dass wir gar nicht an dem Orientierungsmarsch teilgenommen hatten. Eine Verkettung unglücklicher Umstände führte nämlich dazu, dass wir gleich zu Beginn auf die falsche Fährte geraten waren. Und so nahmen wir auch nicht an dem Orientierungsmarsch teil, sondern wir veranstalteten unseren eigenen Gewaltmarsch. In die falsche Richtung! Um 4:00 Uhr morgens hatte man ein Einsehen und holte uns mit einem Wagen ab. Es war enorm, wie weit wir uns vom Ausgangspunkt entfernt hatten. Aber das war nicht meine Schuld. Ich verfügte nach wie vor über einen hervorragenden Orientierungssinn.

Ich ging vom Domplatz erst einmal in die entgegengesetzte Richtung vom Camp und bummelte durch die kleinen Gassen. Wenn das Camp im Süden lag, man aber nach Norden ging, dann brauchte man nur rechts nach Osten abbiegen, dann noch einmal rechts nach Süden und schließlich die Entfernung, die man in Richtung Norden gelaufen war, nun nach Süden zu laufen, um dann wieder rechts nach Westen abzubiegen und auf den Ausgangspunkt zu stoßen.

Als ich bereits das erste Mal Richtung Osten abgebogen war, entdeckte ich eine sehr interessante Straße. Das Anziehende an der Straße war, dass etwa einen halben Meter neben dem Fußgängerweg, also schon auf der schmalen Fahrbahn, aber noch in Sprungweite zum Gehsteig, eine zierliche Italienerin mit blond gefärbten Haaren dahinflanierte. Ich folgte ihr. Sie war nicht unbedingt eine Zehn, aber nach so richtig schönen Frauen stand mir ohnehin gerade nicht der Sinn. Sie war eine von dem Format, vor dem ich keine Angst hatte. Vor allem nicht, solange sie mich nicht bemerkte. Sehr gute Figur, aber kein *TV-Spielfilm*-Cover-Gesicht. Sie bog links ab und ich folgte ihr. Dann wieder nach rechts. Und dann war sie in irgendeinem Hauseingang verschwunden. Ich musste jetzt nach rechts abbiegen, dann wieder nach rechts, und dann wollte ich wieder auf die Ausgangsstraße stoßen, von der ich wieder zum Domplatz finden würde.

Ich folgte eine Weile meinem Orientierungssinn, stieß aber nicht auf die erwartete Straße. Es bestand natürlich die Möglichkeit, dass ihr Verlauf auch gar nicht so geradlinig war, wie ich es vorausgesetzt hatte. So ein Spaziergang war durchaus gut für die Regeneration, aber so langsam wurde das Gehen anstrengend und hatte den Umfang des Erholsamen überschritten. Also setzte ich mich auf eine Bank und verschnaufte. Meine Muskeln durften sich auf keinen Fall verhärten. Leichte Bewegung für die Durchblutung war gut, aber 30 Minuten waren meiner Meinung nach die Obergrenze. Und die hatte ich fast erreicht.

Ich massierte mir die Beine und setzte meinen Weg fort. Jetzt weniger mit System und mehr nach Gefühl. Die mitgezählte Rechtsabbiegerei hatte schließlich zu nichts geführt, ich war mir aber sicher, die ungefähre Richtung des Domplatzes noch im Gespür zu haben. Zusätzlich zu den nur mäßig arbeitswilligen Beinen kam noch eine körperliche Müdigkeit dazu, die bis ins Denkorgan hineinstrahlte. Ich wurde unglaublich denkfaul. Mir war es kaum noch möglich, systematisch und zusammenhängend über den zu gehenden Weg nachzudenken. Das Gehirn spuckte lediglich einzelne Impulse heraus, denen ich dann unkritisch folgte. Da lang oder hier lang, mehr kam an Richtungsweisung nicht mehr zustande. Und das führte mich nicht zum Domplatz.

Ich verzweifelte und machte wieder eine Pause. Wenn ich hier eines auf gar keinen Fall gebrauchen konnte, dann waren das Anstrengungen vor oder nach einer Etappe. Mein Körper war platt, und jetzt hatte er nur noch wenige Stunden, um sich für die Fahrt nach St. Vigil zu erholen. Ich hoffte auf ein Taxi, musste jedoch schnell feststellen, dass diese Straßen kaum Taxigebiet waren. Also ging ich noch ein Stück weiter.

Was waren das eigentlich für verwirrende Straßenführungen in Brixen? Und überhaupt, wenn hier 850 Fahrer der Transalp durch die Gegend latschten, dann musste ich doch mal einen von denen treffen. Oder einen der Mitarbeiter der Organisation. Meine Muskeln wurden müde. Sie revoltierten. Sie weigerten sich, jetzt auch noch diesen Unsinn mitmachen zu müssen. Es langte. Irgendwann muss auch einfach mal Ruhe sein.

Ich setzte mich auf die Bordsteinkante und rang um einen klaren Gedankengang. Ich konnte nicht mehr. Ich wusste den Weg nicht, und ich wollte zu meiner Luftmatratze. Ab jetzt würde ich keinen Meter mehr umsonst gehen. Nur keine Energie mehr vergeuden, schließlich war ich doch in der Regenerationsphase. Ein Mann lief vorbei. Ich sprach ihn an. Zuerst auf Deutsch, dann auf Englisch. Ich fragte nach dem Camp für die Biker, aber er schien noch nicht einmal etwas von der Transalp zu wissen. Also wartete ich auf den nächsten Passanten. Der konnte mir nur den Weg zum Domplatz beschreiben. Allerdings schien mir der beschriebene Weg viel zu weit und kompliziert zu sein, hatte ich mich von meinem eigenen Gefühl her doch niemals mehr als einige hundert Meter davon entfernt. Also ging ich nur eine Straße weiter und fragte einen Eisverkäufer. Er beschrieb die Strecke ungefähr so wie der Mann zuvor. Ich brachte noch eine Straße hinter mich und gab endgültig auf.

Es hatte keinen Zweck, ich würde es eh nicht schaffen. Ich hatte alle meine Kräfte hinauf zum Timmelsjoch und zum Jaufenpass verbraucht, sowohl die körperlichen als auch die mentalen. Ich konnte mich nicht mehr zwingen, konnte einfach keinen Willen mehr mobilisieren und sank in mich zusammen. Man musste mir helfen. Es genügte nicht, mir einfach nur den Weg zu beschreiben. Ich konnte mir das ohnehin nicht mehr merken. Jemand musste sich ein Herz fassen und mich zum Camp fahren. Ich war ein Häufchen Elend. Ich war eine hilflos Person. Wie oft hatte ich doch schon von diesen hilflosen Personen im Radio gehört und gelegentlich auch darüber gelacht. Jetzt hoffte ich, dass jemand auf mich aufmerksam werden würde.

Den nächsten Passanten fragte ich auch nicht mehr nach dem Weg, ich bat ihn um einen Hilfstransport. Er tat, als würde er mich nicht verstehen, entschuldigte sich und verschwand. Ich untermauerte meine erbärmliche Lage, indem ich mich quer über den Fußsteig legte und hoffte darauf, dass sich jemand meiner annehmen würde. Ich war ganz unten. Vollkommen angewiesen auf die so oft beschworene und so selten gelebte selbstlose Menschlichkeit. Was war denn so schlimm daran, mich einfach mal ins Auto zu laden und mir zehn Minuten zu opfern? Ich war in der Regenerationsphase, physisch und psychisch, ich konnte beim besten Willen nicht einfach aufstehen und durch die Gegend laufen. Meine Akkus waren leer! Ich hatte einen mentalen Zusammenbruch! Vielleicht war ich keine verwirrte, aber ich war eine entleerte Person! Vollkommen desorientiert und verzweifelt. Ich erinnerte mich an diesen dämlichen Orientierungsmarsch, bei dem sie uns erst nachts um 4:00 Uhr mit dem Auto abholten. So lange konnte ich nicht warten! Also raffte mich noch einmal auf und wechselte meinen Standort. Vielleicht war eine Straße weiter mehr Menschlichkeit zu finden.

Ich fand sie in Form eines Streifenwagens. Die Freunde und Helfer erkannten meine Hilfsbedürftigkeit und fuhren mich lachend zum Domplatz. Sie hätten mich wohl auch zum Camp gefahren, wussten aber nicht, wo wir untergebracht waren und gaben mir nur mit auf den Weg, dass es ganz in der Nähe wäre. Von wegen! Vom Domplatz zum Camp musste man einen fünfzehnminütigen Gewaltmarsch zurücklegen. Vorausgesetzt, man würde den direkten Weg finden und sich nicht verlaufen! Und das hielt ich für ziemlich unwahrscheinlich. Ganz im Gegenteil. Ich nahm sogar an, dass ich jeden Meter, den ich laufen würde, automatisch in die falsche Richtung und damit nach hinten zurücklegen würde.

Und so wagte ich auch nur äußerst widerwillig den Versuch, einem aufgestellten Wegweiser zum Camp zu folgen. Hatte ich nicht auch schon nach meiner Zielankunft Schwierigkeiten gehabt nach diesen Wegweisern die Unterkunft zu finden? Aber da war ein kleiner Umweg noch zu verkraften gewesen, saß ich doch auf dem Rad und war merkwürdigerweise in besserer körperlicher Verfassung als jetzt. So kurz nach der Etappe waren mein Körper und meine Psyche noch leistungsbereit, jetzt hatten offensichtlich alle Systeme auf Regungslosigkeit umgestellt. Ich litt sozusagen unter einer von oben angeordneten Zwangsruhe. Niemals würde ich den Weg zu Fuß zurücklegen! Aber ich war ja auch bis hierher gekommen, und irgendjemand, das wusste ich, würde mich auch den restlichen Weg fahren.

Als ich sie sah war mir sofort klar, dass sie es sein würde. Sie lud gerade ihren Einkauf in einen vollkommen wüsten Kleinwagen und an der Unorganisiertheit, mit der sie dabei vorging, erkannte ich, dass sie ein Herz für Menschen in meiner Lage haben würde. Sie war, das sagte mir ein inneres Gefühl, ein guter Mensch. Und sie war konfus genug, um selbst schon häufig in Schwierigkeiten geraten zu sein. Sie war meine Rettung, und dafür liebte ich sie!

Ich ging zu ihrem Wagen und stellte mich vor die Beifahrertür. Sie bemerkte mich, unterbrach ihre Tätigkeit und schaute über das Autodach zu mir herüber. Mein Herz lief vor Freude förmlich über. Ich strahlte sie an. Sie strahlte zurück. Ich war unendlich glücklich darüber, dass ich endlich bis direkt zu meiner Luftmatratze gefahren werden würde.

»Ich liebe dich«, sprudelte es aus mir heraus, während meine rechte Hand an mein Herz griff.

Sie lachte, spitzte ihren Mund und warf mir einen Kuss zu.

Ich wusste nicht, ob sie meine Worte verstand, und so gestikulierte ich mit meiner Hand zum Wegweiser und flehte sie theatralisch an, mich dorthin zu fahren.

Sie war ein guter Mensch und spürte, dass es mir ernst war.

Ich versuchte die Beifahrertür zu öffnen, aber sie war verschlossen. Also faltete ich meine Hände und flehte sie über das Autodach an: »Fahr mich bitte zum Camp, ich kann nicht mehr, du bist mein Engel, bitte!«

Wahrscheinlich verstand sie mich nicht wirklich, aber sie las meine Gedanken und hatte Mitleid mit mir. Also beugte sie sich ins Auto und öffnete mir die Tür. Ich war überglücklich. Ich ließ mich auf den Beifahrersitz fallen, strahlte sie an und warf ihr dankbar verliebte Blicke zu. Sie freute sich, startete den Wagen und fuhr los.

Mit der Aufnahme der Fahrt viel aller Frust und alle Müdigkeit von mir. Es war jetzt klar, dass ich in wenigen Minuten behaglich auf meinem Nachtlager liegen würde. Die Sporthallen, meine Luftmatratze und mein Schlafsack waren mein Zuhause geworden, und darauf freute ich mich. Ach, wie war ich ihr doch dankbar! Sie war ein guter Mensch und sie kam mir so vertraut vor.

»Danke, Danke!«, sagte ich und klopfte ihr anerkennend aufs Knie.

Sie lachte.

Meine Dankbarkeit war ernst gemeint! Würde sich irgendwann einmal eine Möglichkeit ergeben, ich würde ihr meinen Dank erweisen!

Dann sah ich einen weiteren Fahrer der Tour zu Fuß zum Camp laufen. Er kam mir bekannt vor. Es war Gerd.

Sie spürte anscheinend, dass er mein Teamfahrer war und stoppte den Wagen. Ich stieg aus, klappte den Beifahrersitz nach vorn, und Gerd zwängte sich auf die Rückbank zwischen den Einkäufen, Kleidungsstücken und einem alten Pappkarton. Sie war ein wirklich guter Mensch.

Der Weg zum Camp war mit dem Auto tatsächlich sehr kurz. Fast schon so kurz, dass es für einen Außenstehenden die Mühe des Einsteigens kaum wert gewesen sein mag. Aber Außenstehende waren ja auch nicht übers Timmelsjoch und über den Jaufenpass gefahren. Und Außenstehende mussten am nächsten Tag auch nicht nach St. Vigil fahren. Ich war ihr überaus zu Dank verpflichtet, wünschte ihr alles Gute und gab ihr zum Abschied einen Kuss auf die Wange.

Sie lachte, verabschiedete sich ebenfalls sehr herzlich von uns und fuhr davon.

Gerd und ich verloren auch über diese Sache kein Wort. Erst ein oder zwei Stunden später, auf meiner Luftmatratze liegend, machte ich mir so meine Gedanken darüber.

Ich hatte Gerd doch von meiner unglaublichen Wirkung auf Frauen erzählt, nun hatte er es schwarz auf weiß gesehen. Na klar, die Pleite vom Domplatz, aber was hatte das schon zu bedeuten? Es war halt nicht die richtige Situation gewesen. Der Vorführeffekt, diese ganze verkrampfte Atmosphäre und dann noch dieses unvorteilhafte Bild von mir, das alles hatte mich blockiert. Aber die Italienerin, die uns nach Hause gefahren hatte, die war doch wirklich hübsch! Und da war mit Sicherheit auch was gelaufen! Gerd war ja nicht blöd! Der konnte sich schon denken, dass die mich nicht nur so durch die Gegend gefahren hatte. Schließlich hatte ich ihr sogar noch einen Abschiedskuss gegeben! Sollte er mich fragen, würde ich ihm schon erzählen, wie ich die um den Finger gewickelt hatte. Den Kopf hatte ich ihr verdreht mit meiner netten und charmanten Art. Die hat mich ja regelrecht angehimmelt. Vollkommen verfallen war die mir. Ich war nur froh, würde ich zu Gerd sagen, dass er dazu gekommen war. Alleine wäre ich die nie wieder losgeworden. Diese Klette.

So würde er aussehen, mein Dank an diese gute Italienerin!

4. Etappe: Brixen – St. Vigil

Ich hatte schon viel vom Furkelpass gehört. Seit wir in Oberammergau angekommen waren, erzählten die Teilnehmer der Transalp 2003 immer wieder gerne von ihren Schreckenserlebnissen am Furkelpass. Und auch Gerd hatte mir als Tourveteran davon erzählt. Ich nahm an, dass der Furkelpass der Vogelpass wäre, von dem auch sein ehemaliger Teamkamerad mir mehrmals traumatische Erlebnisse geschildert hatte. Das Ding, so war aus allen Erzählungen zu entnehmen, zog einem den Draht aus der Mütze.

Im Roadbook las sich der Etappenverlauf weitaus unspektakulärer. Die Etappe war mit 92 km Länge mit Abstand die kürzeste der Tour und hatte auch weniger zu bewältigende Höhenmeter als die vorhergehende. Sie begann zwar mit einem etwa 30 km langen Anstieg zum Würzjoch, aber der hatte laut Streckenplan keine wirklich giftigen Steigungen in sich. Danach kamen 30 km mehr oder weniger bergab, einige Kilometer in der Ebene und dann der gerade mal 10 km lange Anstieg zum Furkelpass. Und komischerweise war gerade dieser Anstieg im Roadbook mit lächerlichen Prozentzahlen angegeben. Zwar warnten sie in der täglich erscheinenden Tourzeitung »Gazette« davor, dass es dort Rampen mit zum Teil 19 % Steigung gäbe, aber wenn die durchschnittliche Steigung so gering war, dann folgerte ich daraus, dass die Rampen ja nun wirklich nur sehr kurz sein konnten. Nun, meine Beine machten mir kaum noch Probleme und ich würde diese Rampen im Wiegetritt fahren können. Ich hatte zwar noch Respekt, war aber zuversichtlich, einigermaßen anständig über dieses Schreckensgespenst herüber zu kommen.

Am Anstieg zum Würzjoch kam ich mit Puls 150 recht flott voran. Es fiel mir immer schwerer hohe Herzfrequenzen zu erzielen, was entweder an den schwächer werdenden Beinen oder am stärker werdenden Herzkreislaufsystem lag. Die Beine fühlten sich gut an, sodass ich mir sicher war, die zurückliegenden Belastungen in eine gute Form umgewandelt zu haben. Allerdings war der Anstieg auch sehr lang. Unglaublich lang. Auf Grund meiner bösen Erfahrungen vom Jaufenpass hatte ich mir aber vorher eine raffinierte psychologische Taktik zugelegt. Ich würde nicht zum Würzjoch hoch fahren, ich würde eine 2 Stunden und 15 Minuten dauernde Kraftausdauereinheit absolvieren. Nach dieser Zeit würde ich erst darüber nachdenken, ob es auch mal wieder bergab ginge. Die Taktik funktionierte hervorragend. Vom Würzjoch aus hatte man freie Sicht auf die ersten Dolomitenriesen. Die bizarren Felstürme waren beeindruckend. Ich zog die Windweste über, steckte mir an der Verpflegungsstation die Taschen mit Squeezygel und Bananen voll und machte mich an die Abfahrt. Dieses Bergabrauschen war auf der einen Seite zwar eine Belohnung für das Heraufkämpfen, weil hier bei geringer Anstrengung die Kilometer einfach nur so dahinschmolzen, auf der anderen Seite war ich aber froh, wenn ich sie unbeschadet hinter mich gebracht hatte.

Während der Abfahrt war man hochkonzentriert. Man achtete auf jede Straßenunebenheit oder Verunreinigung und versuchte genau die richtige Linie zu fahren und die Bremspunkte richtig zu wählen. Man fuhr nicht nur schnell, man fuhr auch mit sehr viel Gefühl. Jede ungewohnte Bewegung des Rades und jedes ungewöhnliche Geräusch konnte auf einen Platten oder einen sonstigen Defekt hinweisen!

Die Abfahrt ging direkt in einen kurzen Anstieg über, dann rauschte man wieder abwärts und nach einiger Zeit unmittelbar in den nächsten Anstieg hinein. Ich war froh ihn hinter mich gebracht zu haben, fuhr wieder abwärts und dann noch einmal direkt in einen Anstieg. Diese ewigen Rhythmuswechsel waren aufreibend, hatte ich doch eigentlich nur noch den Furkelpass auf der Rechnung gehabt. Ich erreichte die zweite Verpflegungsstation. Dort stand ein Schild, dass es nur noch 20 km und wenige Höhenmeter wären, bevor wir nach St. Vigil kommen würden. Ich rauschte gleich vorbei. Die zweite Station schien mir so dicht vor dem Ziel reichlich überflüssig zu sein.

Kurz darauf begann der Anstieg zum Furkelpass. Für mich war es schon fast eine Art Erlösung, endlich dieses berüchtigte Ding hochfahren zu können. Zumal es danach ja auch nur noch abwärts ins Ziel gehen sollte. Allerdings ging es auch gleich zur Sache. Gefühlsmäßig war die Steigung sofort erheblich steiler, als sie im Roadbook angegeben war. Ich kämpfte. Vielleicht hatten mir das Würzjoch und die danach ständig abrupt beginnenden kleineren Steigungen auch schon sehr viel Kraft genommen, auf jeden Fall ging mir das jetzt bei weitem nicht mehr so locker von der Hand wie meine Kraftausdauereinheit zu Beginn der Etappe.

Wir kamen in einer Kehre an einem Gasthof vorbei. Ein Mann reichte uns allen Wasser. Ich nahm die Erfrischung dankbar an und motivierte mich. Die Leute hier erkannten unsere Leistungen an, und das verpflichtete.

Es wurde schwerer. Ich ging in den Wiegetritt und stellte unweigerlich fest, dass wir uns jetzt in einer dieser berüchtigten Rampen befanden. Nur war diese Rampe nicht kurz! Ich kämpfte! Bei lächerlichen 9,5 km/h! Wenn das so weiter ginge, dann musste ich hier noch eine Stunde lang kämpfen! Der Kampf war aber anders als der vom Vortag den Jaufenpass hinauf. Er war intensiver. Ich musste mir hier jeden Meter abringen.

Hier diente der Wiegetritt nicht der Lockerung verspannter Muskulatur, hier konnte ich sitzend gar nicht mehr fahren! Hier fuhr ich auch nicht schneller als die meisten anderen hinauf, hier verausgabte ich mich bis zum Äußersten, nur um mitzuschwimmen! Der Pass war eine Ewigkeit entfernt! Die im Roadbook lächerlich wirkende Länge des Anstieges schwoll bedrohlich an. Ich zog am Lenker und drückte abwechselnd die Pedalen herunter. Und dann kam die nächste Rampe!

Es waren tatsächlich Rampen, nur hatte ich von der geringer werdenden Steigung zwischendurch gar nichts mitbekommen. Wahrscheinlich war ich in der ersten Rampe so am Limit gefahren, dass ich mich in der schwächeren Steigung nicht mehr erholen konnte, ja sie nicht einmal mehr bemerkt hatte. Ich litt eine unbestimmte Zeit.

Dann wurde es schlimmer. Nichts lief rund. Alles war abgehackt, gequält, unökonomisch. Es ging nicht. Es ging um eine Kehre. Keine Erholung, einfach nur steil, steil, steil. Sitzen ging nicht. Meine Beine konnten die Pedalen drücken, aber mein Körper war schwach. Schwächeanfall? Hitzschlag? Ich stellte mir vor, wie es wäre abzusteigen.

Warum konnten die anderen noch fahren? Niemand ging. Sie fuhren. Gehen wäre Niederlage. Pinkeln nicht. Pinkelpause? Menschlich. Pedale runterdrücken, links, rechts, links, rechts. Schneckentempo. Würde nach dem Pinkeln nicht mehr aufs Rad kommen. Durchhalten. Nur durchhalten. Man kommt rüber. Viele sind schon rüber gekommen.

Links, rechts, links, rechts, Meter für Meter. Ganz steile Anstiege liegen mir nicht. Fast 90 kg Körpergewicht! Ich bin ein Koloss! Das kann ja gar nicht gehen. Mir geht es nicht gut. Bin ich krank? Beine gehen, aber Körper schwach. Vielleicht ein Hitzschlag. Zu wenig kühler Fahrtwind für volle Leistung in der Hitze! Stehen bleiben? Aufgeben? Holzstapel am Straßenrand. Gegenlehnen? Bloß nicht, vorbei, weiter, komm, komm. Rüber fahren ist Sieg. Das ist der Furkelpass! Vor dem haben sie alle gewarnt! Ich zieh das durch! 8,2 km/h! Jeder Meter ein Kampf! Vielleicht liegen noch 1000 Meter vor mir! 1000 Meter! 1000 Kämpfe!

Es geht nicht! Mehr als Anschlag! Schluss! Linken Fuß ausklicken, absteigen, gehen, gehen, nicht stehen bleiben. Bei Bewegungslosigkeit droht Ohnmacht. Gehe 4 km/h schnell. Verliere nicht so viel Zeit wenn ich schneller gehe. 4,5 km/h. Werde überholt. Kein Kommentar, kein Blick. Noch mehr Fahrer. Niemand hat mehr die Kraft für einen Blick, niemand schafft es mehr, mich zu verspotten. Muss wieder aufs Rad. Rest Stolz treibt mich aufs Rad. Geht aber nicht. Gehen. Kann nicht mehr. Niederlage akzeptieren. Warum können die noch fahren? Egal. Kann nicht. Gehen. Puls 145. Werde nicht mehr ohnmächtig. Passhöhe? Passhöhe! Steige auf, noch leichter Anstieg, dann Abfahrt. Nur noch Abfahrt. Verloren, habe Furkelpass nicht geschafft!

Die bittere Erkenntnis der Niederlage drängte sich mit der schnell voranschreitenden Erholung während der Abfahrt in mein Bewusstsein. Der Furkelpass war eine der Hauptprüfungen der Transalp, und ich war ohne

Wenn und Aber durchgefallen. Ich konnte die Geschehnisse nicht mehr zurückdrehen. Hätte ich gewusst, wie kurz vor dem Ziel ich gewesen war, ich hätte es mit Sicherheit geschafft. Fakt war aber, dass ich es nicht geschafft hatte! Schon in Oberammergau hatten sie vom Furkelpass geredet, und nun musste ich mit meiner Niederlagen leben, bis ich mich wieder in Oberammergau einfinden würde. Zur Jeantex/Tour-Transalp 2005! Ein Jahr musste ich warten, bis ich meine Schmach auslöschen konnte. In einem Jahr, so war mir bei der Abfahrt klar, würde ich wieder über diesen Furkelpass fahren. Und dann würde ich mir den Sieg nicht mehr durch geringfügige Schwächen nehmen lassen!

Der Profi

Mit der Wartung meines Rennrades ist es so eine Sache. Der Radsport an sich ist schon so zeitaufwändig, dass ich nicht zusätzlich noch Stunden an meinem Rad schrauben wollte. Am liebsten hätte ich mir sogar für die anfallenden Reinigungsarbeiten einen finanzbedürftigen Schüler gehalten. Aber die Schüler in Deutschland sind nicht finanzbedürftig, und so richtig komme ich auch nicht um das Schrauben herum. Obwohl ich anfangs daran geglaubt hatte. Mein erstes Rennrad hatte ich mir nämlich bei einem ortsansässigen Fahrradhändler bestellt. Ich hatte ein Angebot aus dem Internet samt Bild ausgedruckt und ihn gefragt, ob er mir genau dieses Rad für ungefähr diesen Preis besorgen könne. Er bejahte die Bestellmöglichkeit, forderte aber 150 Euro mehr. Auf Grund der erhofften Serviceleistungen vor Ort stimmte ich zu. Allerdings bekam ich dann doch nicht genau dasselbe Fahrrad, sondern lediglich ein gleichwertiges Fahrrad mit ähnlicher Farbe. Ich murrte zwar, wollte aber nicht zu pingelig erscheinen und nahm es hin. Service hatte eben seinen Preis, und in diesem Fall war es eben der, dass ich optische Abstriche machen musste. Aber das war gar nicht das Hauptproblem. Das Unbefriedigendste für mich war, dass ich nicht wirklich wusste, ob mein Rad technisch gleichwertig war. Ich hatte ein 2danger von Bicycles haben wollen und ein CUST-TEC erhalten. Taugte mein Rahmen etwas? Und was war vom Vorbau zu halten? Die Laufräder? Im Nachhinein betrachtet war das Rad schon in Ordnung, aber was nutzte das, wenn man sich dessen nicht sicher sein konnte.

Natürlich kam es dann auch bald zu den ersten anfallenden Wartungs- und Reparaturarbeiten. Ein Platten. Eine schleifende Bremse. Eine am

Umwerfer schleifende Kette. Ein leichter Schlag im Hinterrad. Ein nicht hundertprozentig arbeitendes Schaltwerk. Kette neu, leider aber zu spät gewechselt, also auch Zahnkranz neu. Die Vorspannung der Bremsen erhöhen. Ich kam schnell dahinter, dass ich nicht für jeden Kleinkram in die Werkstatt rennen konnte. Der Zeitaufwand für diesen Gang war bei solchen Bagatellen mit Sicherheit höher, als wenn ich selbst Hand anlegen würde. Also bestellte ich mir das Buch *Die Rennrad-Werkstatt*, in dem fast alle Reparaturanleitungen aus der Zeitschrift *Tour* gesammelt sind und schritt bei auftretenden Problemen selbst zur Tat. Es war erstaunlich, wie schnell man die meisten Dinge selbst richten konnte. Was war an einem Rennrad denn schon dran? Die Schaltung, Bremsen, Laufräder, der Vorbau.

Und so ganz nebenbei machten meine zunehmenden handwerklichen Kenntnisse mich auch beim Kauf eines neuen Fahrrades freier. Ich war nicht mehr auf einen ortsansässigen Händler angewiesen, sondern konnte mir aus einer riesigen Angebotspalette das für mich Ansprechendste aussuchen. Da ich beim Kauf von Bekleidung und Zubehör eh schon zum Kunden der großen Versandhändler geworden war, kaufte ich mir motiviert von den sehr guten Testergebnissen in der Zeitschrift *Tour* ein Pro SL 3000 vom Rose-Versand. Ich hatte jetzt zwar keinen Händler mehr vor Ort, aber ich hatte für relativ günstiges Geld ein sehr hochwertiges Rennrad.

Natürlich ist das Pro SL kein exklusives Einzelstück, aber ich bin ohnehin Pragmatiker, und wenn ein Rahmen in solchen Stückzahlen getestet, produziert und vertrieben wird, dann bin ich mir ziemlich sicher, auf zuverlässigem Material zu sitzen. Wenn man mit einem Pro SL den Berg hinunterrast, dann haben das schon viele andere unbeschadet getan, wenn man hingegen ein exklusives Einzelstück fährt, dann ist man vielleicht der Erste der das tut, aber eventuell auch der Erste bei dem die Gabel bricht. So sehe ich die Sache jedenfalls.

Darüber hinaus bot der Versand sogar einen besonderen Abholservice an. Wenn man den Werkstattservice in Anspruch nehmen wollte, dann holten sie das Fahrrad kostenlos ab und brachten es auch kostenlos zurück. Berechnet wurde lediglich der Zeitaufwand für die Wartungs- und Reparaturarbeiten. Ich hatte diesen Service noch nicht genutzt, spielte aber mit dem Gedanken, es im Winter einmal zu tun. Nicht, weil etwas Konkretes vorlag, sondern weil ich das Rad zwischendurch in den Händen eines Fachmannes wissen wollte. Mir schien die Wartung und Reparatur mithilfe des Buches zu leicht zu sein, als dass da nicht irgendwo noch ein Haken versteckt sein könnte. Ich behob zwar alle mir auffallenden Defekte und erledigte die mir bekannten Wartungsarbeiten, aber woher sollte ich wissen, ob ich nicht etwas Entscheidendes vergessen hatte. Schließlich weiß man nicht, was man nicht weiß, und von daher würde es mich doch sehr beruhigen, wenn ein professioneller Mechaniker mein Rad inspizieren würde.

Bei der Jeantex/Tour-Transalp löste sich dieses Problem wie von selbst. Der Rose-Versand übernahm bei dieser Veranstaltung nämlich den Reparaturservice. Dieser Service war für die Teilnehmer des Rennens kostenlos und stach damit sogar den Abholservice an Attraktivität aus. Natürlich bedeutete das nicht, dass die 850 Teilnehmer der Tour nun einen Rundumcheck an ihrem Rad durchführen lassen konnten. Es bedeutete lediglich, dass man bei akuten technischen Problemen die beiden gut ausgestatteten Mechaniker aufsuchen konnte und diese dann professionelle Abhilfe leisteten.

Von meinem moralischen Empfinden her war mir sofort klar, dass ich diesen Service nicht zu meinem eigenen Vorteil ausnutzen würde. Dieser Service war ein tolles Angebot für Fahrer, bei denen unverhofft technische Probleme auftraten. Er war mit Sicherheit kein Arbeitsdienst für Leute, die zu bequem waren, ihr Fahrrad rechtzeitig in die Werkstatt zu bringen. Gemeinnutz geht vor Eigennutz, und ich war der Letzte, der diese eiserne Regel antasten würde. Und so brachte ich mein Rad weder in Ischgl noch in Sölden oder in Brixen zum kostenlosen Service. Die beiden Mechaniker hatten alle Hände voll zu tun, da konnte ich kaum eine ganz normale Inspektion fordern. Nein, ich war kein Schmarotzer; auch wenn viele andere es an meiner Stelle getan hätten, ich hielt mich an gewisse Regeln.

Auf der Etappe von Brixen nach St. Vigil kam es dann jedoch zur Katastrophe. Na ja, zur Beinahe-Katastrophe. Es passierte auf der Abfahrt vom Würzjoch. Ich vernahm ein leises Knacken! Irgendetwas hatte geknackt! Oder zumindest geklappert. Auf jeden Fall war da ein Geräusch gewesen, das verdächtig geklungen hatte. Ungewöhnlich zumindest. Man hätte den Vorfall damit abtun können, dass auf Grund einer Straßenunebenheit einfach nur ein Seilzug gegen den Rahmen geschlagen war, aber so einfach wollte ich es mir nicht machen. Der Sache musste auf den Grund gegangen werden. Schließlich fuhr ich hier mit hohen Geschwindigkeiten die Berge herunter, da musste man jeden möglichen technischen Defekt ausschließen.

Und so ging ich der Sache auch unmittelbar nach meiner Zieleinkunft nach. Ich rüttelte ein wenig an dem Fahrrad herum, suchte den Rahmen nach Bruchstellen ab und gab schließlich resigniert auf. Mir fehlte die Kompetenz! Dieses Problem würde ich nicht lösen können. Die Sachlage hatte sich damit vollkommen geändert. Bei mir war unverhofft ein technisches Problem aufgetreten. Ich war auf den technischen Service angewiesen!

Noch war relativ wenig los beim Servicestand, also steuerte ich direkt darauf zu und war nach kurzer Wartezeit an der Reihe.

»Also irgendwie knackt da was merkwürdig bei mir«, schilderte ich dem einen Mechaniker mein Problem.

»Knackt es die ganze Zeit?«

Die ganze Zeit schien mir ein wenig übertrieben und auch zu leicht überprüfbar zu sein, also grenzte ich den Schaden ein.

»Nein, nur ab und zu auf der Abfahrt.«

Das schien mir für ein echtes Problem nun wieder zu wenig zu sein, also gab ich dem möglichen Schaden ein wenig mehr Gewicht.

»Und im Wiegetritt knackt es auch«, fügte ich hinzu.

»Können das die Speichen sein?«, fragte er mit einer gewissen Vorahnung.

Die Speichen fand ich gut. Es wäre schon nicht verkehrt, wenn er sich meine Laufräder mal angucken würde.

»Das könnte sein«, bestätigte ich ihn in seiner Vermutung.

Er hatte geübte Hände, demontierte die Räder blitzschnell, spannte sie in einen Zentrierständer ein, überprüfte jede einzelne Speiche und machte hier und da ein wenig herum.

»Die Laufräder sind in Ordnung«, stellte er fest.

Das war doch schon mal was. Für die Laufräder brauchte mein Rad schon mal nicht mehr zur Inspektion, Bremse und Antriebssystem konnte ich selber perfekt warten, blieb nur noch die Gabel und der Vorbau.

»Ich würde auch mal behaupten, dass das Knacken mehr von vorne kommt«, motivierte ich ihn zur weiteren Untersuchung. »Ich hatte schon Angst, dass die Gabel einen weg hat.«

Er verstand, dass damit nun wirklich nicht zu Spaßen war und machte sich sofort an die Arbeit. Er rüttelte an der Gabel, drehte sie nach links und nach rechts, besah sie sich genauer und fummelte an ihr herum.

»Ne, also Gabel und Vorbau sind tipp topp«, bekundete er nach einiger Zeit.

»Bedeutet das, dass an diesem Fahrrad soweit alles in Ordnung ist?«, brachte ich es auf den Punkt.

Er drehte noch einmal an der Kurbel, fingerte an den Bremsen herum und legte sich dann fest:

»An dem Rad ist alles in Ordnung!«

»Na, dann bin ich ja beruhigt!«, äußerte ich meine Erleichterung.

Ich bedankte mich bei ihm und steuerte den Verpflegungsstand an.

Sie hatten wieder einige nette Mädchen organisiert, die uns mit Getränken, kleinen Snacks und Obst versorgten.

Vorbei und vergessen die Zeiten, in denen man nach Radveranstaltungen auf morgens eiligst geschmierten Broten kaute und in seiner Freizeit blöde in irgendwelche Radgeschäfte schob, um sein Portemonnaie zu erleichtern. Ich war jetzt Profi! Um den Kleinkram musste ich mich nicht mehr kümmern, den besorgten jetzt andere.

St. Vigil

St. Vigil war der einzige Etappenort, der nicht als Urlaubsort taugt. St. Vigil ist als Urlaubsort konstruiert worden. St. Vigil wirkt fast schon unecht. Gerd nannte es kitschig. Im Hintergrund stehen zwei Dolomitenriesen, die angeblich mal Riffe in einem tropischen Meer waren. Bei bestimmten Lichtverhältnissen wirken sie wie gemalt. In St. Vigil waren wir auch nicht in einer großen Sporthalle untergebracht. In St. Vigil waren die Klassenräume der Grundschule für uns hergerichtet worden. Überall hingen Bilder von glücklichen Kindern an den Wänden. Ich war mir sicher, dass in dieser Schule noch nie ein Schüler seine Hausaufgaben vergessen oder ohne Lineal unterstrichen hatte. Hier war die Welt noch in Ordnung!

In St. Vigil wurde Gastfreundschaft so richtig groß geschrieben! Und so fand die Pasta-Party in einem extra für die Transalp aufgebauten riesigen Zelt statt. Pasta-Party war dabei stark untertrieben. In St. Vigil gab es Hähnchen mit Kartoffeln, Brötchen und Lasagne. Und in St. Vigil bekam ich sogar noch einen Nachschlag. Überreicht bekam ich diesen Nachschlag von einer dieser netten jungen Mädchen, die sich um unser Wohl kümmerten. In St. Vigil, da war ich mir sicher, hatte noch nie ein Einheimischer ein Verbrechen begangen.

Das Verbrechen aber kam mit der Jeantex/Tour-Transalp in das idyllische Örtchen!

Es gab eine Hand voll Jungs in gelben T-Shirts, die vielleicht die Seele der Transalp waren. Sie kümmerten sich fast rund um die Uhr um uns. Morgens verluden sie unsere Taschen und wenn wir am nächsten Etappenort ankamen, dann hatten sie schon alles für uns vorbereitet. Wir mussten uns um nichts kümmern, und sobald mir eine Sache auch nur annähernd kompliziert vorkam, fragte ich einen der Jungs. So war ich am dritten Tag schon nicht einmal mehr dazu in der Lage, meine Tasche selbst zu finden. Musste ich auch nicht, die Jungs hatten einen Lageplan und führten mich zielstrebig hin.

Sie nahmen einen alles ab, und so waren wir Fahrer schon nach kürzester Zeit zu blöde, unsere Sachen zusammenzuhalten. Mussten wir auch nicht, denn alles, was man irgendwo liegen ließ, sammelten die gelben Jungs ein und legten es in eine Fundkiste. Gerd und ich machten uns daraus einen Spaß. Wir vergaßen abwechselnd Dinge und freuten uns darauf, sie beim Eintreffen in der neuen Unterkunft wortlos wieder aus der Fundkiste zu greifen. Dabei fing es zuerst harmlos mit einer bereits gelesenen Zeitschrift an. Dann ein Handtuch, ein Paar Socken, Duschgel und schließlich endete es eher unfreiwillig mit meinen Trinkflaschen. Es klappte jedes Mal reibungslos.

Wie die gelben T-Shirts das Markenzeichen dieser Jungs waren, so erkannte man mich an einem weißen T-Shirt. Während Gerd jeden Tag frische Kleider trug, hatte ich aus mir unerklärlichen Gründen nur ein einziges T-Shirt eingepackt. Natürlich sah dieses T-Shirt jeden Tag ein wenig ungepflegter aus. Auf dem Weiß zeichnete sich jeder kleine Fettfleck ab, und auch die kleinen roten Einschläge der Tomatensoßenspritzer leuchteten für alle deutlich sichtbar auf dem Brustbereich.

Zu allem Übel war ich mit dem rechten Ärmel auch noch gegen mein 53er-Kettenblatt gekommen, und so war dieses dort in Schwarz abgebildet. Und doch hütete ich dieses T-Shirt wie meinen Augapfel, war es doch das einzige, das ich besaß. Bis zu dem Morgen dieses Tages, an dem ich unser Spiel noch in der Sporthalle in Brixen auf die Spitze trieb. Gerd und ich waren so ziemlich die letzten, die vor der Etappe nach St. Vigil noch in der Unterkunft waren und stopften hektisch unsere letzten Sachen in die Taschen. Ich nahm mein T-Shirt, lächelte Gerd betont gleichgültig an und warf es hinter die Zuschauerbande der Tribüne. »Warum soll ich mich um mein T-Shirt kümmern?«, fragte ich theatralisch unbekümmert. »Die Jungs tragen uns doch den Arsch hinterher!«

Gerd lachte.

Wir gaben unsere Sachen ab, holten die Räder und litten einige Stunden irgendwo zwischen Brixen und St. Vigil. Dann fuhr ich durchs Ziel, suchte den Reparaturservice auf, aß etwas, gab mein Fahrrad im Bikepark ab und trottete ins Camp. Nur war die Sache dieses Mal daneben gegangen. Gerds Rasierschaum lag in der Kiste, aber von meinem T-Shirt war nichts zu sehen. Wahrscheinlich hatten sie es hinter der Zuschauertribüne nicht gefunden und irgendein Einheimischer hatte es schon längst in den Müll geworfen. Ich duschte, blies meine Luftmatratze auf, dehnte mich ein wenig und wartete auf Gerd. Er kam mit dem Rasierschaum in der Hand.

»Gerd!«, empfing ich ihn etwas ratlos. »Die Sache ist heute daneben gegangen. Mein T-Shirt ist weg!«

Gerd lachte.

»Du weißt, dass ich kein anderes mehr habe«, unterstrich ich die Tragik der Lage.

»Vielleicht hättest du dir das heute Morgen überlegen sollen«, entgegnete Gerd.

»Ich konnte doch nicht wissen, dass es ausgerechnet dieses Mal daneben geht!«

Gerd blieb ungerührt und schob mir die Schuld in die Schuhe.

»Von einem Teamkollegen hätte ich mehr erwartet!«, appellierte ich an seine soziale Ader.

»Was soll ich tun?«

Ich wusste schon, was er tun konnte. Er hatte mit Sicherheit noch ein T-Shirt dabei, und es war seine Pflicht, mir dieses zu geben.

»Ich brauche ein T-Shirt!«, winkte ich mit dem Zaunpfahl.

Gerd wiegelte sofort entschieden ab.

»Nee, also so was mache ich wirklich nicht, da bin ich ganz eigen!«

Ich traute meinen Ohren nicht.

»Also Kleider verleihen geht gar nicht, da sträubt sich alles in mir!«

Wie konnte man nur so etepetete sein?

»Okay«, schlug ich vor, »dann verkauf mir ein T-Shirt.«

Auch dieser Gedanke schien Gerd nicht recht zu behagen.

»Nenne mir einen Preis«, setzte ich nach. »Den Neupreis!«

Gerd zögerte.

»Was ist schon dabei?« fragte ich. »Du hilfst mir damit aus der Klemme. Ich leg sogar noch fünf Euro drauf!«

Gerd wand sich, schien sich für einen Moment zu überwinden, dann schob er den Gedanken wieder weg.

»Das kann ich nicht machen!«, erklärte er. »Wenn ich das mache, dann wirst du allen erzählen, dass ich mich an deiner Notlage bereichert hätte.«

»Nun hör mal zu«, fuhr es aus mir heraus, »gib mir so ein Ding und ich verspreche dir, dass ich niemandem davon erzähle!«

»Du versprichst es mir hoch und heilig?«, vergewisserte er sich.

»Hundertprozentig! Hand drauf!«

»20 Euro.«

Ich gab ihm 25 Euro, um die Lächerlichkeit seines Verhaltens ganz deutlich aufzuzeigen. Gerd steckte sie ohne den Anflug eines schlechten Gewissens weg und fingerte an seiner Tasche herum. Dann schleuderte er mir mit freudestrahlendem Gesichtsausdruck diesen weißen Lappen ins Gesicht. Auf dem rechten Ärmel war ein Kettenblatt abgebildet und im Brustbereich war es rot gesprenkelt.

Und so stand ein für alle Mal fest:

Auf die Jungs mit den gelben T-Shirts konnte man sich verlassen, die trugen einem wirklich den Hintern hinterher. Die eigentliche Gefahr, der Unsicherheitsfaktor, das in St. Vigil nicht heimische Verbrechen, lauerte in der Person meines Teampartners!

Ich hatte mich ein wenig hingelegt und geschlafen. Als ich wieder zu mir kam, schlich Gerd gerade durch den Klassenraum, in dem wir untergebracht waren. Er wirkte sehr bemüht mich nicht zu wecken. Ich döste noch ein wenig vor mich hin, dann öffnete ich die Augen.

»Ich hab dir Sauerstoffwasser mitgenommen«, verkündete Gerd. »Das ist gut für die Regeneration. Und Müsli solltest du essen, damit deine Kohlenhydratspeicher aufgefüllt werden.«

Er hatte alles auf einen Tisch gestellt. O2-Sauerstoffwasser, Milch, Müsli, Bananen und Joghurt. Ich aß ausgiebig. Gerd schien sehr gut drauf zu sein.

»Ich fühl mich gut«, strahlte er. »Morgen greife ich an!«

Mir ging es ebenfalls gut und ich nahm an, dass mir die morgige Etappe mit ihren vielen Höhenmetern entgegenkommen würde. Trotzdem nahm ich solche Ankündigungen von Gerd ernst.

»Morgen wirst du alles geben müssen!«, gab Gerd seiner Vorhersage Nachdruck.

Ich ging nicht weiter auf das Thema ein und wir machten uns bei herrlichem Wetter in malerischer Umgebung auf den Weg zum Zielbereich. St. Vigil war gigantisch. Es kamen noch einige Fahrer ins Ziel. Sie waren über den Furkelpass gekommen! Ich klatschte ihnen begeistert Beifall, dann schlenderten wir ein wenig durch den unwirklichen Ort.

»Wie fühlst du dich?«, fragte Gerd.

»Gut«, antwortete ich erstaunt über so viel Besorgtheit.

»Morgen wirst du mich im Nacken haben, das verspreche ich dir!«

Er schien sehr zuversichtlich zu sein. So voller Tatendrang und Optimismus hatte ich ihn noch nie erlebt. Wir gingen zur Massage. Gerd wandte sich meinem Masseur zu: »Mach das ordentlich, der Junge muss morgen Anschlag fahren!« Dann wandte er sich wieder mir zu: »Denk an meine Worte, an einem der Anstiege werde ich dich morgen eintüten! Ich fühle mich großartig!«

Gerd schien so zuversichtlich zu sein, dass er sogar Wert darauf legte, dass auch ich topfit an den Start gehen würde. Und so verbot er mir in St. Vigil das allabendliche Feierabendbier. Schließlich, so sagte er, wolle er mich in meiner besten Form deklassieren.

Morgens schien Gerd sich noch prächtiger zu fühlen. Er konnte es gar nicht abwarten aufs Rad zu steigen. »Meine Güte«, fuhr es aus ihm heraus, »hab ich heute starke Beine!«

Zum Frühstück wurden wir Campschläfer in St. Vigil auf verschiedene Hotels verteilt. Unseres war einige hundert Meter entfernt und wirkte sehr nobel. Mir war nach Brötchen mit Marmelade, aber Gerd ordnete Müsli, Joghurt und Vollkornbrot für mich an. »Heute ist mein Tag der Revanche, da soll auch bei dir alles optimal sein, damit du keine Ausreden hast!«

Ich hielt mich an die Ernährungsvorschriften und versprach an diesem Tag alles zu geben. Zwei andere Teams setzten sich zu uns an den Tisch. Sie unterhielten sich über technische Probleme. Der eine fuhr irgendwelche hyperleichten Laufräder, und die hatten im Wiegetritt so viel Seitenspiel, dass sie an den Bremsbelägen schliffen.

»Unten am Berg die Bremsen öffnen«, warf Gerd beiläufig ein und schmierte mit größter Sorgfalt sein Vollkornbrot. Dann ergänzte er die kurzfristige Lösung noch mit einem längerfristig orientierten Rat: »Vielleicht hat dein Lager Spiel. Das musst du nach der Tour mal überprüfen.«

Das schien Hand und Fuß zu haben.

Der andere erzählte, dass er vor der Tour ein nur wenige tausend Kilometer gebrauchtes Ritzelpaket und eine neue Kette montiert hatte. Bei der ersten Ausfahrt zeigte sich dann aber, dass die Kette nicht zum Ritzelpaket passte. Sie sprang bei der geringsten Belastung über.

»Ist ja klar«, klärte Gerd uns auf. »Eine Kette wird bei Gebrauch nach und nach länger! Das kann man sogar mit einer Messlehre nachmessen. Die längere Kette passt nun nicht mehr hundertprozentig in die Zähne der Ritzel, schleift sich diese aber praktisch zurecht, sodass Kette und Ritzel miteinander alt werden und optimal harmonieren. Nun nimmst du aber dein zurechtgeschliffenes Ritzel und eine neue kurze Kette. Das kann ja nichts werden!«

Das leuchtete allen ein.

»Aber ich kann doch nicht ständig ein neues Ritzelpaket kaufen!«, wandte der Geschädigte ein.

»Musst du ja auch nicht«, beruhigte ihn Gerd. »Du musst dir nur drei Ketten kaufen. Alle 1000 km wechselst du dann die Kette. Und wenn die dritte Kette 1000 km ´runter hat, dann legst du wieder die erste auf. So schleifen die Ketten und das Ritzelpaket exakt gleichmäßig ab und man kann die Kombination endlos lange fahren.«

Wir nickten.

»Also die kurzen Anstiege, die machen mir hier am meisten zu schaffen«, warf der mit den Laufrädern ein. »Mir platzen bei der Umstellung von der

Abfahrt in den Anstieg jedes Mal die Beine!« Sein Blick zu Gerd verriet, dass er auch hier einen guten Tipp erhoffte.

Gerd nahm einen Schluck Kaffee, stellte die Tasse wieder auf den Unterteller und beantwortete die Frage.

»Du musst deinen anaeroben lactaziden Stoffwechsel trainieren. Für diese abrupten Intensitätssteigerungen braucht der Körper eben eine kurze Umstellungszeit, um die aerobe Energiegewinnung auf das erforderliche Maß anzuheben. Und in dieser Zeit fährst du deine Beine schon gegen die Wand.«

Wir nickten wieder verständig.

»Trainiere einfach mal Sprints«, fuhr Gerd fort, »und dein Stehvermögen. Fahre einfach öfter mal intervallmäßig 500 m Anschlag, dann speichern deine Muskeln schon genug eigene Reserven, so dass sie nicht immer gleich auf diesen ganzen aeroben Energiegewinnungsapparat angewiesen sind.«

Das klang logisch.

Wir frühstückten in Ruhe zuende und machten uns wieder auf den Weg zur Unterkunft. Gerd schien mir wirklich sehr klug zu sein. Auf jeden Fall war er klüger als ich. Nun ist es für den Dümmeren natürlich schwierig zu beurteilen, wie klug der Klügere denn nun wirklich ist. Vielleicht war Gerd ja auch nur so klug, dass ich seine Dummheit nicht mehr erkennen konnte. Es langt ja ein kleiner Vorsprung, sodass man den anderen nur noch von hinten sehen kann. Egal, ob er einen Meter oder 500 Meter vor einem fährt, man sieht immer nur den Rücken des Kontrahenten. Vielleicht war Gerd mir ja nur ein ganz kleines Bisschen voraus. Schließlich wusste ich die Dinge, die gerade eben noch neu für mich gewesen waren und so beeindruckend klug klangen, jetzt ja auch. Es würde ja reichen, wenn Gerd sein Wissen stets eine Minute vor mir erlangen würde, sodass ich ihn immer für klug halten würde. Wie kann ein Dummer denn beurteilen, ob jemand anderes klug ist? Man kann doch lediglich erkennen, dass jemand nicht so dumm ist wie man selbst. Und so war es auch, ich hatte bisher lediglich bemerkt, dass Gerd mir immer einen Schritt voraus war.

Obwohl, einmal war er tatsächlich genauso dumm gewesen wie ich. Ich erinnerte mich gut an das Jedermann-Rennen der HEW-Cyclassics in Hamburg, in dessen Vorfeld wir uns beide nicht gerade mit Ruhm bekleckert hatten.

Wir waren am Samstag angereist und bei einem Bekannten von mir direkt am Kiez untergebracht. Das Rennen fand zwar erst am Sonntag statt, aber so konnten wir in aller Ruhe unser Starterpaket empfangen und die nötigen Vorbereitungen treffen. Zu den nötigen Vorbereitungen gehörte das Anbringen der Startnummer am Trikot und die Befestigung des Transponders am Rad. Der Transponder war wichtig für die elektronische Zeitmessung. Zu jeder Startnummer gab es einen dazugehörigen Transponder. Und sobald dieser die Startlinie überquerte, lief die Zeit, bis er an der Ziellinie elektronisch erfasst wurde. Nur so war es möglich, bei so vielen Teilnehmern eine hundertprozentige Zeitmessung durchzuführen.

Auf jeden Fall fuhren wir morgens mit unseren Rädern gemütlich vom Kiez zum Start. So gemütlich, dass mir Zeit und Muße blieb, mir Gerds Startnummer genauer zu betrachten. Neben der eigentlichen Startnummer war in kleiner Schrift wirklich alles Wissenswerte eingetragen. Startort, Startblock, Distanz, Startzeit und zu meinem großen Erstaunen sogar der Teamfahrer. Obwohl wir uns eigentlich gar nicht als Team angemeldet hatten.

»Sag mal, Gerd«, fragte ich nachdenklich, »woher wissen die von der HEW eigentlich, dass wir beide zusammen fahren?«

Gerd überlegte. »Wie kommst du überhaupt darauf, dass sie es wissen?«, fragte er schließlich.

»Steht auf deiner Startnummer, dass du mit mir fährst«, antwortete ich.

»Nee, echt?«, fuhr es aus Gerd heraus.

»Ja, an der Seite steht ganz klein Lars Boysen geschrieben.«

Gerd war begeistert, ließ sich zurückfallen und betrachtete seinen Namen auf meinem Rücken.

»Wahrscheinlich weil wir letztes Jahr als Team angemeldet waren«, mutmaßte er. »Die haben ja alles im Computer.«

Wir fuhren weiter, beeindruckt von dieser perfekten Organisation.

Trotzdem hatte ich ein ungutes Gefühl bei der Sache. Ich ließ mich wieder zurückfallen.

»Aber warum steht denn deine Nummer noch einmal klein hinter meinem Namen geschrieben?«, fragte ich verwirrt.

Gerd stutzte. »Welche Nummer habe ich denn überhaupt?«

Ich nannte sie ihm.

»Das ist doch deine Nummer!« Gerd ließ sich wieder zurückfallen und besah sich meine Startnummer. »Wir haben die Nummern vertauscht!«, stellte er erschrocken fest und hielt sofort am Straßenrand.

Es war kein großes Problem die Startnummern zu tauschen, denn die waren lediglich mit vier Sicherheitsnadeln am Trikot befestigt. Schwieriger sah das mit den Transpondern aus. Die hatten wir nämlich auch vertauscht, und die waren mit zwei Kabelbindern am Lenker verzurrt. Wir hatten weder eine Schere, um die Kabelbinder zu durchtrennen, noch hatten wir Ersatzkabelbinder, mit denen wir die Transponder hätten wieder befestigen können.

Nach kurzem Hin und Her fuhren wir zur Notakkreditierung und schilderten unsere Angelegenheit. Zur Freude aller Anwesenden wurde unser Missgeschick erkannt und uns ausgeholfen. Ich schnitt die Kabelbinder durch, nahm die neuen Kabelbinder, führte sie in die vorgesehenen Löcher ein, brachte den Transponder an die richtige Stelle und zurrte ihn am Lenker fest. Gerd machte es ebenfalls so. Wir bedankten uns, klickten einen Fuß in die Pedale und rollten los.

»Seid ihr euch denn sicher, dass ihr jetzt den richtigen Transponder dran habt?«, rief uns einer der hilfsbereiten Anwesenden höhnisch hinterher.

Alle lachten.

Nur wir nicht. Wir hatten es nämlich tatsächlich geschafft, uns wieder den falschen anzubauen. Wir hatten alles hervorragend befestigt, aber wir hatten vergessen, vorher die Transponder zu tauschen. Wir kehrten um, wiederholten die Prozedur noch einmal richtig und waren dem Gelächter hilflos ausgesetzt. Es war ja auch nicht unbegründet, das Gelächter. Wir hatten es für unsere Dummheit verdient und ließen es geduldig über uns ergehen.

So war das damals gewesen, in Hamburg bei den HEW-Cyclassics. Da hätten wir im Ziel aber dumm geguckt, wenn die unsere Zeiten vertauscht wiedergegeben hätten. Jedenfalls der Schnellere von uns.

Aber nun waren wir auf dem Weg vom Frühstückshotel zurück zu unserer Unterkunft und Gerd fühlte sich offenbar prächtig.

»Heute bin ich stark«, wies er mich auf seine gute Form hin. »Heute musst du richtig Gas geben!«

Ich stimmte zu, wunderte mich aber darüber, dass Gerd seine Attacke so klar ankündigte. Für ihn wäre es doch viel einfacher gewesen, mich im Ungewissen zu lassen und urplötzlich aus dem Nichts neben mir auftauchen. So würde ich doch von Anfang an alles geben, um Bestzeit zu fahren.

Der Bikepark lag unmittelbar vor unserer Unterkunft. Es war nur ein kurzes Gefühl, eine Eingabe, die Erinnerung an Hamburg und das Erstaunen über Gerds angeblich explosionsartigen Formanstieg, der mich einen kleinen Schlenker machen ließ.

»Ich will mal kurz nach meinem Fahrrad sehen«, erklärte ich.

Gerd folgte mir.

Ich kniete nieder und sah auf das an meiner Gabel befestigte Gerät zur Zeitmessung.

»Warum steht auf meinem Transponder eigentlich A, wenn ich doch der B-Fahrer bin?«, fragte ich vorwurfsvoll.

Gerd guckte betont unwissend und zuckte mit den Schultern.

»Und warum hängt mein Transponder an deinem Rad?«, fuhr ich mit meiner Verdächtigung fort.

Gerd mimte immer noch den Unschuldigen.

»Bevor ich mich gestern Nachmittag schlafen gelegt habe, waren die Dinger doch noch an den richtigen Rädern montiert!«, konkretisierte ich meine Anschuldigung.

Ich löste die Schnellspanner unserer Räder und tauschte die Transponder aus.

»Na gut«, gab Gerd schließlich klein bei, »dann brauchst du heute eben nicht mit einem Angriff rechnen. Es wird wohl doch wieder alles beim Alten bleiben.«

Und so erkannte ich einmal mehr: Die eigentliche Gefahr, der Unsicherheitsfaktor, das in St. Vigil nicht heimische Verbrechen, lauert in der Person des Teampartners.

5. Etappe: St. Vigil – Wolkenstein

Die Etappe von St. Vigil nach Wolkenstein wurde von vielen als Königsetappe bezeichnet. Sie hatte mit 3498 m die meisten zu überwindenden Höhenmeter und war mit 121,26 km auch nicht gerade kurz. Landschaftlich aber sollten die Dolomitenpässe traumhaft sein, und so ging ich mit einer gewissen Vorfreude an den Start.

Das Wetter war schon um 8:50 Uhr traumhaft. 27 °C zeigte das Thermometer und die Sonne schien von einem strahlend blauen Himmel herab. Meine psychologische Taktik musste ich auf Grund meiner Erfahrungen des Vortages modifizieren. Den unglaublich langen Anstieg zum Würzjoch hatte ich schließlich noch gut überstanden, weil ich ihn mir als zweistündige Kraftausdauereinheit verkauft hatte, erst anschließend verbrauchten die kurzen trocken Anstiege und letztendlich der furchtbare Furkelpass meine mentale Stärke. Die Sache mit der zeitlichen Motivation hatte also funktioniert, nur durfte man sie nicht zu kurz formulieren.

Trotz meines intensiven Roadbookstudiums am Morgen hatte ich keine genaueren Vorstellungen vom Streckenverlauf. Alles was ich wusste war, dass es ständig bergauf und bergab ging. Nie waren wirklich richtig viele Höhenmeter auf einmal zu bewältigen. Es waren halt mehr Pässe als in den vergangenen Tagen, aber es war kein Horrorszenario dabei. Fünf Stunden, nahm ich an, würde ich für die Strecke benötigen. Also nahm ich mir vor, mich von vornherein mit fünf Stunden anstrengender Fahrt abzufinden. Ich wollte mich nicht mehr über einzelne Pässe quälen, ich wollte mich einfach damit abfinden, dass die nächsten fünf Stunden halt hart werden würden. Vor mir lagen keine Pässe, vor mir lagen Stunden. Und so würde ich mich auch nicht mehr von der ständig wiederkehrenden Frage piesacken lassen, wie weit es noch wäre. Ich wusste ja von vornherein, dass ich fünf Stunden fahren musste. Es gäbe nicht mehr die ständigen Enttäuschungen, wenn das erhoffte Ziel noch einmal in weite Ferne rückte, und es gäbe nicht mehr die Selbstlügen und das sich die Sache schön reden. Fünf Stunden, dann könnte man mal sehen.

Die Taktik funktionierte hervorragend! Die Anstiege erschienen mir nicht mehr als Gegner, sondern nur noch als Anstiege, und vor allem gab es immer längere Zeitabschnitte, in denen ich in der Landschaft versank und mich und meine Anstrengungen vergaß. Auch hatte ich jetzt mehr Bewusstsein für andere Teilnehmer. So fuhr ich zum Beispiel längere Zeit mit jemandem, der aus Jerusalem kam. Was für eine Stadt! Jerusalem. Von dieser Stadt hat ja nun wirklich weltweit schon jeder etwas gehört! Die heilige Stadt für Juden, Christen und Moslems, für Milliarden von Menschen! Die Stadt unendlicher Konflikte und Hoffnungen. Und der kam aus dieser Stadt, um hier die Transalp zu fahren!

Oder der alte Opa, an dem ich mich nach Stunden erst vorbeikurbeln konnte. An irgendeinem Anstieg hatte ich ihn auf einmal vor mir und musste ihm Meter um Meter abkämpfen. Unter normalen Umständen hätte ich dem nicht einmal mehr zugetraut mit dem Fahrrad zum Bäcker fahren zu können! Und der fuhr hier die Transalp und verlangte mir alles ab! Wahrscheinlich, so bildete ich mir ein, wahrscheinlich war er ein Ex-Profi, der vor einigen Jahrzehnten schon die Tour de France zuende gebracht hatte.

Und dann fuhr ich irgendwann mit einem Dänen aus der Nähe von Kopenhagen einen Anstieg hoch. Wir unterhielten uns kurz darüber, dass wir ja beide Flachländer wären und dass der Wind im Norden unser Bergtraining simuliert hätte. Ein Schleswig-Holsteiner hatte mit einem Dänen, so nahm ich an, wahrscheinlich mehr gemeinsam als mit den meisten Deutschen anderer Bundesländer. Die Zeit war mittlerweile fortgeschritten und mein unterer Rücken peinigte mich mehr als mir lieb war. Und dann waren wir auf einmal oben. Viel schneller als ich es erhofft hatte. Es waren fast vier Stunden vergangen und ich fuhr über einen Pass. Vielleicht war die Etappe doch kürzer, als ich angenommen hatte! Nach Pass folgt Abfahrt, und für einen weiteren Anstieg war die Zeit bereits zu weit fortgeschritten. Ich schöpfte Hoffnung. Vielleicht würde ich heute zum ersten Mal so ganz ohne Qual eine Etappe fahren. Der Däne wirkte sehr erfahren. Ich fragte ihn, wie weit es noch wäre.

»10 Kilometer«, antwortete er.

»Nur noch 10 Kilometer?«, fuhr es freudig aus mir heraus.

»Nur noch 10 Kilometer.«

Vielleicht war die Abfahrt vom Passo Campolongo einer der ausgelassensten Momente, die ich im Laufe der Transalp erlebte. Ich rauschte dem Ziel in dem Bewusstsein entgegen, dass ich die Königsetappe ohne endlose Kämpfe gegen mich selbst bewältigt und zum großen Teil sogar genossen hatte. Was auch immer noch kommen würde, es würde mich nicht mehr schrecken! Ich hatte den Dreh gefunden, der Sache den Schrecken zu nehmen. Ich hatte dem Tiger den Zahn gezogen. Ich ging die Sache jetzt professionell an! Die Kilometer ins Ziel würden einfach nur noch so dahinschmelzen, dann kam das Essen, das Camp, die Dusche, die Massage, die Pasta-Party. Allein die Fahrt über die Ziellinie würde ich dieses Mal intensiver genießen als sonst. Die applaudierenden Zuschauer, die Sonne, das tolle Gefühl, die Königsetappe bewältigt zu haben.

Die Abfahrt ging noch einmal abrupt in einen Anstieg über. Mir fiel die Umstellung schwer. Ich war nicht mehr darauf eingestellt, mich im ersten Gang abkämpfen zu müssen, und so waren meine Beine wirklich nur mit allergrößter Willenskraft dazu zu bewegen, ihren Dienst zu tun. Aber weit konnte es ja nun wirklich nicht mehr sein. Vielleicht noch einige Minuten, dann konnten alle Steigungsprozente nur noch mit einem vorstehenden Minus angegeben werden.

Ich brachte die Minuten herum, befand mich aber immer noch im Berg. Der Anstieg zog sich länger hin, als ich es für möglich gehalten hatte. Die fünf Stunden waren so gut wie erreicht und ich konnte nicht glauben, dass ich mich schon wieder einen Berg heraufkurbeln musste! Hinter jeder Kehre musste doch die Abfahrt ins Ziel weiter gehen! Ich wollte nicht mehr! Ich hatte doch alles so gut gemeistert, und nun erwartete ich meinen Lohn und nicht diesen unsinnigen Anstieg hier. Ich fuhr den Anstieg auch nicht wirklich hoch, ich machte eine Pedalbewegung nach der anderen. Wenn ich mich in den ersten vier Stunden der Etappe auch zum großen Teil selbst vergessen hatte, dann zahlte ich jetzt mit um so bewusster vollzogenen Anstrengungen.

Minute um Minute verstrich, ohne dass sich an der Situation etwas änderte. Es ging aufwärts! Meter um Meter, Kehre um Kehre, Kilometer um Kilometer. Nur widerwillig ließ ich die Erkenntnis zu, dass es sich hier keineswegs um einen kurzen Anstieg handelte. Man hatte mich noch einmal in eine dieser endlosen Bergkletterpartien geschickt. Noch einmal zwang man mich, diese endlose Schinderei auf mich zu nehmen. Und so wurde mir während dieses Anstieges ein für alle Mal klar, dass man die Etappen der Transalp nicht einfach mal so fuhr. Sie wollten alle durchlitten werden, dafür hatten die Veranstalter schon gesorgt.

Und viele tausend Kurbelumdrehungen später, in 2137 m Höhe, hoch oben auf dem Grödnerjoch, hatte ich noch etwas im wahrsten Sinne des Wortes erfahren. Es gibt einen ganz gewaltigen Unterschied zwischen Dänen und Schleswig-Holsteinern: Wenn man einen Dänen nach einer Streckenlänge fragt, dann nennt er einem nur die Anstiegskilometer!

Wolkenstein

Ich hatte eigentlich von nichts wirklich Ahnung. Aber ich leistete mir zu allem eine Meinung. Dabei drehte es sich für mich nie um die Sache, sondern immer um meinen persönlichen Vorteil. So war ich zum Beispiel dafür bekannt, politisch sehr interessiert zu sein. Das hatte schon früh begonnen. Schon als Jugendlicher vertrat ich vehement meine Abneigung gegen Rechts. Und das lange bevor ich überhaupt wusste, was es mit rechter und linker Gesinnung auf sich hatte. Natürlich nahm ich mir vor, mich irgendwann einmal in die Materie einzulesen, aber rein Emotional stand die Sache ja eh schon fest. Ich hatte meine Seite und war in der Hierarchie meiner Altersgenossen durch meine revolutionäre Gesinnung um einige Plätze aufgestiegen.

Das mit dem Einlesen blieb dann auch aus. Statt dessen lernte ich, mich unverfänglich und allgemeingültig auszudrücken. Ich mied das Konkrete und plusterte mich im Nebulösen auf. Auch war ich früh auf Demonstrationen gegangen. Ich hielt es für wichtig, meine fundierte Meinung zu vertreten, und nebenbei war dort auch immer viel los. So war ich zum Beispiel an dieser gigantischen Demo gegen die chinesischen Studenten beteiligt gewesen. Wir hatten die Schnauze voll, wir waren bessere Menschen und wir wollten uns nicht länger auf der Nase herumtanzen lassen.

Erst gegen Ende der Demonstration bekam ich mit, dass wir nicht gegen die Studenten, sondern gegen die chinesische Regierung waren. Diese miese chinesische Regierung! Wir würden es ihnen schon zeigen, diesen Bösewichten in 10 000 Kilometern Entfernung! Und vor allem zeigte ich damit Nicole, was ich doch für ein entschlossener Kämpfer war.

Auch hatte ich schon sehr jung an den Ostermärschen für Abrüstung teilgenommen. Wir trugen damals diese Arabertücher und marschierten andächtig an irgendwelchen Militärstützpunkten vorbei. Die Sache war ganz einfach. Die Guten waren für Abrüstung und die Bösen wollten Waffen und Krieg. Und wie immer war ich auf der Seite der Guten. Anschließend tranken wir dann Sangria und lagen uns brüderlich in den Armen. Ich fand es aber immer ein wenig ekelhaft, Männer in den Arm zu nehmen, und so konzentrierte ich mich auf die Frauen. Vor einem amerikanischen Munitionslager kam es schließlich zu meinem ersten Zungenkuss.

Auch als Erwachsener war ich politisch aktiv. So hatte ich an zwei Demonstrationen gegen die Schließung eines Marinestützpunktes in unserer Nähe teilgenommen. Einige gewissenlose Politiker hatten beschlossen, die Zerstörer und Minenboote zum Teil stillzulegen oder in andere Stützpunkte einzugliedern. Die Demonstrationen waren aber kein Erfolg, denn hier nahmen fast ausschließlich ältere Menschen mit Familien teil, die um ihre Arbeitsplätze oder um ihre Umsätze fürchteten. Es kam nicht zu den in früheren Jahren üblichen Verbrüderungsaktionen und damit auch zu keinen zwischengeschlechtlichen Annäherungen.

Ich war auch gegen Autos gewesen, bis ich selbst meinen Führerschein machen konnte. Und gegen Unkrautvernichtungsmittel, bis ich in eine Wohnung zog und vom Vermieter zum Unkrautzupfen aufgefordert wurde. Ich löste das Problem eines Nachts chemisch. Ich hatte gegen die neue Rechtschreibung mit dem Argument gehetzt, dass wir nun alle umlernen müssten. Tatsächlich beherrschte ich schon die alte Rechtschreibung so schlecht, dass bei mir gar nicht zu erkennen war, nach welchen Regeln ich denn nun eigentlich schreiben wollte.

Aber nicht nur im politischen Bereich zählte ich zu den Experten. So war ich in meiner näheren Umgebung bei vielen als Boxmeister bekannt. Ich hatte mal mit Wladimir Klitchko im Ring gestanden und ihn gleich mächtig unter Druck gesetzt. Ich hatte ihn mit der Bitte unter Druck gesetzt, mir nicht auf den Kopf zu hauen. Er war damals 19 und ich 24, und nach einer Minute Training schlug er mir nicht einmal mehr auf den Körper, weil er doch ein sehr sensibler und rücksichtsvoller Mensch war. In meinem

Bekanntenkreis verbreitete ich nur, dass ich mit Wladimir Klitchko gekämpft hätte.

Untermauern konnte ich meinen Ruf als Boxmeister noch mit meinen exakten Prognosen. Häufig sahen wir uns in reinen Männergruppen Boxkämpfe auf den beiden Sportkanälen an. Bereits nach einigen Minuten konnte ich mit fast hundertprozentiger Sicherheit sagen, wer wann und wie verlieren würde. Das sah dann zum Beispiel so aus, dass ich in der ersten Runde darauf aufmerksam machte, dass einer der beiden Kontrahenten nach dem Schlagen in der Distanz stehen blieb, und dass das sehr gefährlich sei. In der zweiten Runde stellte ich dann fest, dass er die Führungshand nach dem Schlagen zu weit hängen ließe, und dass er mit Sicherheit noch in der ersten Hälfte des Kampfes ausgeknockt werden würde. In Runde fünf knallte dann die Rechte des Kontrahenten auf den Kinnwinkel des von mir kritisierten Boxers und schickte ihn bis 10 auf die Bretter.

Manchmal konnte ich schon beim Einmarsch an dem Blick der Boxer erkennen, was gleich passieren würde. So bemängelte ich einmal den unkonzentrierten Blick des Favoriten und mahnte, dass der so nicht über die ersten Runden kommen könne. Ich wurde verlacht, aber in Runde zwei lag der Favorit flach. Für meine Kollegen waren meine Kenntnisse phänomenal! Für mich war daran nichts Besonderes, hatte ich die Kämpfe doch schon Monate zuvor bei einem ehemaligen Vereinskameraden auf Premiere gesehen.

Meine Meinung war wie eine flatternde Fahne im Wind, ich war unzuverlässig, unaufrichtig und ohne Rückgrat. Nur in einem einzigen Punkt konnte man sich auf mich verlassen! Bei allem was ich tat und sagte, drehte es sich am Ende immer nur um meinen eigenen persönlichen Vorteil! Dies war die Gesetzmäßigkeit, nach der ich mein Leben ausrichtete, von diesem Weg wich ich nicht einen Millimeter nach links oder rechts ab.

Auf jeden Fall waren wir in Wolkenstein. Es hatte am frühen Nachmittag zu regnen begonnen und so waren nur noch wenige Menschen im Zielbereich zu finden. Die meisten Fahrer hielten sich in der riesigen Eissporthalle auf, in der wir untergebracht waren, und auch Gerd hatte ich dort zurückgelassen. Es trieb mich irgendwohin. Ich war darauf aus, jemanden kennen zu lernen. Ich war abenteuerlustig. Draufgängerisch.

Ein Mixed Team rollte ins Ziel. Sie hatten so gerade eben das Zeitlimit geschafft. Ein Kamerateam empfing sie und machte für irgendeinen Sender ein Interview. Wie fühlt ihr euch, war es hart, die üblichen Fragen. Sie sah auffallend gut aus. Ein wenig jünger als ich und genau mein Typ. Ich machte mir Gedanken darüber, wie ich ihren Teampartner ins Abseits drängen könnte, fand aber keine Lösung des Problems. Die beiden waren acht Stunden oder mehr gefahren! Er war acht Stunden bei ihr geblieben, obwohl er wahrscheinlich wesentlich schneller hätte fahren können. Die Vorstellung, dass ich einen ähnlich hohen Preis für sie zahlen müsste, schreckte mich ab.

Ich zog die Kapuze meiner Regenjacke weiter ins Gesicht und lief die Straße hinunter in Richtung einiger Geschäfte, dann bog ich rechts ab und kam an einer Art Busparkplatz vorbei. Vor einer Gastwirtschaft entdeckte ich sie dann. Sie war ebenfalls jünger als ich und hatte eine gewisse natürliche Schönheit. Sie war gerade damit beschäftigt Tische abzuwischen und hereinzustellen, denn es war offensichtlich, dass an diesem Tag keine Gäste mehr im Freien sitzen würden. Ich sprach sie an. Sie schien Zeit zu haben und ließ sich gerne in ein Gespräch verwickeln. Sie fragte mich nach der Transalp. Ich erzählte ihr von den unglaublichen Anstrengungen und von den vielen abgeschlagenen Fahrern. Von den alten Männern, die jeden Tag vor mir das Ziel erreichten, erzählte ich natürlich nichts. Sie zeigte sich beeindruckt.

Ich setzte noch einen drauf und erwähnte beiläufig meinen Modelvertrag, den ich mit dem Versand hatte. Sie fragte mich, ob ich Profi sei, und ich antwortete im Affekt wahrheitsgemäß mit Nein. Im nächsten Augenblick ärgerte ich mich schon darüber, weil ich als Profi sicherlich mehr Eindruck hätte schinden können. Also schob ich hinterher, dass ich zwar professionell fahren, mich aber auch außerhalb des Radsports betätigen würde. Als Betätigungsfeld gab ich die Politik an. Frauen hatten nie Ahnung von Politik, und so würde ich mich auch nicht durch Unwissenheit bloßstellen können. Außerdem wirkt Macht auf das weibliche Geschlecht anziehend.

Mit der Politikernummer hatte ich schon mehrere Frauen beeindruckt. Und in der Tat war ich seit zehn Jahren Mitglied in der CDU. Ich war sogar auf der Begrüßungsveranstaltung für die neuen Parteimitglieder gewesen, damals vor zehn Jahren, aber das Gerede war selbst mir zu dämlich. Trotzdem war ich in der Partei geblieben, weil ich als Schnuppermitglied keine Beiträge bezahlen musste und mir meine Schnuppermitgliedschaft immer noch nicht gekündigt worden war.

Davon erzählte ich ihr logischerweise nichts. Sie fand meine politischen Ambitionen sehr interessant und äußerte, dass ganz besonders der Umweltschutz ihr am Herzen liegen würde. Ich reagierte mit der Bemerkung, dass ich meine Position gerade für den Erhalt artgerechter Lebensräume der Tiere und dem Verzicht auf chemische Unkrautvernichtungsmittel einsetzen würde.

Das stimmte auch. Gerade in dem Moment, in dem sie ihre Vorliebe für den Umweltschutz bekundet hatte, kam es mir nämlich in den Sinn, dass ich in meiner Position des für den Außenbereich zuständigen Mieters dieses Jahr auf die chemische Keule verzichten würde. Außerdem würde ich am Gartenteich eine Ruhewiese für gehbehinderte Frösche anlegen.

Meine genauen Vorhaben erläuterte ich ihr natürlich nicht, sondern ich beließ es bei der allgemeinen Äußerung, dass ich eben meine Position für die artgerechten Lebensräume und so weiter und so fort einsetzen würde. Sie bekam diesen milchig einfältigen Gesichtsausdruck, der Frauen befällt, wenn sie hormonell auf Autopilot umstellen. Ich hatte sie in der Hand. Ich brachte noch schnell die Geschichte, dass ich schon seit Jahren nichts mehr mit einer Frau gehabt hätte, weil ich auf die Richtige warten würde, und dass es hier so schön sei, und dass ich mir gut vorstellen könne hier zu leben.

In Gedanken sah ich Gerd schon morgens alleine am Start stehen. Und dann würde ich im letzten Moment mit dieser Frau hier ankommen und eine filmreife Abschiedsszene hinlegen. Ich würde Gerd nur einmal anlächeln und er würde sich denken können, was in der Nacht alles gelaufen wäre. So ganz nebenbei hätte ich damit auch endgültig die Pleite vom Domplatz in Brixen ausgelöscht. Ich lächelte sie an. Sie lächelte zurück. Sie wirkte unglaublich naiv, ganz einfach gestrickt. Ich hatte sie am Haken und musste sie nur noch aus dem Wasser ziehen.

»So wie dich habe ich mir immer die Richtige vorgestellt«, sagte ich und setzte mein klebrigstes Lächeln auf.

Sie wirkte kurz nachdenklich, gerade mal so nachdenklich, wie einfach gestrickte Leute wirken können, dann brach sie die Spielregeln.

»Vor Gott?«, fragte sie.

»Wie, vor Gott?«, antwortete ich etwas verblüfft.

»Sagst du die Wahrheit vor Gott?«

Ich lachte, setzte einen seriösen Gesichtsausdruck auf und stellte fest, dass ich selbst sehr wohl wisse, was die Wahrheit sei, und dass ich dafür keinen über mir stehenden Richter brauche.

»Na, dann ist ja alles gelogen«, stellte sie mit einem freundlichen Lächeln fest und machte sich weiter an die Tische, ohne sich so ganz von mir abzuwenden.

Ich versuchte noch einmal, sie mit psychologischen Tricks in die Hand zu bekommen, hatte aber keinen Erfolg. Das ganze Gespräch verkam zu einem Plaudern über belangloses Zeug.

Schließlich verabschiedeten wir uns freundlich, und ich machte mich auf den Weg ins Camp.

Ich war fassungslos! Wie konnte man alles an einer Frage festmachen? Wie konnte man so vorschnell über einen Menschen urteilen? Sie war vollkommen engstirnig! Wenn jeder so denken würde wie sie, dann könnten wir den Laden ja gleich dicht machen! Menschen wie sie hatten unsere Demokratie noch gar nicht verstanden! Wenn man alles so einfach beurteilen könnte, dann wären ja alle Diskussionen von vornherein sinnlos! Dann gäbe es ja immer nur eine richtige Wahrheit! Was hätten wir dann von dieser Wahrheit? War es denn nicht so, dass die Wahrheit dem Menschen dienen musste? Es gab viele Menschen, also brauchten wir doch auch viele Wahrheiten!

Während ich so mit dem Erlebten haderte, schoss mir plötzlich die Lösung des vorherigen Problems durch den Kopf! Während der Transalp würde ich sie nicht herumbekommen, dafür hingen die beiden zu dicht aufeinander. Aber ich konnte ihre Adresse über die Tourorganisatoren in Erfahrung bringen und dann nach der Transalp Kontakt zu ihr aufnehmen. Wahrscheinlich würde sie dann sogar ein bisschen Abstand von ihrem Teamfahrer suchen und dem Brief eines Unbekannten keinesfalls abweisend gegenüberstehen. Frauen stellten sich ja regelmäßig die Frage, ob ein anderer sie nicht noch glücklicher machen könnte. Ja, ich hatte sogar noch die Briefe für Tatjana im Computer, die brauchte ich nur leicht zu verändern. Das würde ziehen! Das übliche Gerede, dass ich sie gesehen und eine ganz besondere Verbindung gespürt hätte und so weiter und so fort. Sie würde natürlich erst mal abblocken, aber innerlich könnte sie den nächsten Brief kaum erwarten. Und ihrem Teamfahrer würde sie auch nichts von den Briefen erzählen. Und dann würde sie sich irgendwann mit mir treffen wollen, und ich hätte gewonnen. Dafür müsste ich nicht einmal acht Stunden mit ihr über die Berge eiern. Es genügte, ihr ein bisschen das Ego zu streicheln, dann würde sie sich mir schon ausliefern. So lief das Spiel. Zumindest, wenn sie sich an die Regeln hielt.

Wesseln in Wolkenstein

Wesseln ist ein kleines Dorf in der Nähe der kleinen Stadt Heide an der großen Westküste Schleswig-Holsteins. Wesseln hat vielleicht einen Bäcker, einen kleinen Elektroladen und mit ganz viel Glück eine Tankstelle. Als Jugendtreffpunkt muss mit Sicherheit die dorfeigene Bushaltestelle herhalten, ein kleines überdachtes Holzgebilde, in dem die wenigen Jugendlichen allabendlich ihr Dasein fristen. Es bestehen sehr gute Chancen, ein Leben in Schleswig-Holstein zu verbringen, ohne jemals mit diesem Dorf in Berührung zu geraten. Es sei denn, man ist Radsportler. In Wesseln gibt es nämlich einen Radsportverein, der auf allen Veranstaltungen gut vertreten ist. Bei jedem Nord-Cup-Marathon tauchen mindestens fünf von ihren grünen Vereinstrikots auf und mischen ganz vorne mit.

So war ich auch nicht wirklich erstaunt, als ich diese Trikots während der Jeantex/Tour-Transalp erblickte. Wesseln war vielleicht der Verein, der mit den meisten Fahrern bei der Tour vertreten war. Und obwohl es in Wesseln nicht einen einzigen Hügel gibt, kamen sie hier erstaunlich gut die Berge hoch. Das beste Team des Vereins fuhr auf Platz 49 in der Gesamtwertung, und das war bei der starken Konkurrenz mit Sicherheit ein beachtliches Ergebnis.

Erstaunen tat mich aber auch das nicht. Die Westküstenbewohner leben mit einem ständig wehenden rauen Seewind, und wer dort zum Radsport findet, der muss aus hartem Holz geschnitzt sein.

Gerd und ich hatten die Wesselner nun schon einige Male gesehen, aber noch kein Wort mit ihnen gewechselt. So langsam erschien es uns an der Zeit, dieses zu tun. Es wäre schon ziemlich dämlich, so dachten wir, wenn wir uns demnächst wieder auf einer unserer heimischen Veranstaltungen treffen und uns hier mit keiner Silbe bedacht hätten. Also schritten wir zur Tat.

»Moin moin!«, eröffnete ich.

»Moin!«, kam es zurück.

In der Betonung des Moin lag die Aussagekraft. Ein doppeltes Moin mit Betonung auf dem zweiten Moin bedeutete so viel wie: Hallo, was für ein Zufall, dass wir euch hier treffen!

Ein einfaches Moin als Antwort, leicht lachend gesprochen oder mit einem kleinen Grinsen unterstrichen, bedeutete in diesem Zusammenhang so viel wie: Ja, es ist wirklich ein Zufall, wir haben euch auch schon gesehen und uns gewundert. Hätten sie uns noch nicht bemerkt gehabt, hätten sie mit einem doppelten Moin geantwortet, wobei beide Moins betont und langgezogen gesprochen worden wären.

Damit war also schon mal der Verwunderung über das Treffen Ausdruck gegeben.

»Und?«, fragte ich und nickte dabei leicht lächelnd mit dem Kopf.

»Jo!«, antworteten sie anerkennend lächelnd und nickten ebenfalls.

Ein nach der Begrüßung mit Moin gefragtes »Und« erkundigt sich nach dem Befinden des Begrüßten. Dabei war für alle Beteiligten klar, dass es sich hier um das Befinden in Bezug auf die zu überfahrenden Berge handelte. Schließlich waren die Berge hier das Einzige, was nicht unserem gemeinsamen Erfahrungshorizont entsprach. Mein gleichzeitiges Nicken dabei gab schon meiner eigenen Beurteilung der Lage Ausdruck. Das Nicken in Verbindung mit der Frage »Und?« nach der Begrüßung »Moin moin!« bedeutete so viel wie: Die Berge sind ein ganz schöner Hammer! Das leichte Lächeln während des Nickens ergänzte die Feststellung aber mit der Bemerkung, dass wir mit diesem Hammer klar kamen.

Die Antwort »Jo«, ebenfalls lächelnd und nickend gesprochen, bestätigte die Einschätzung der Lage voll und ganz.

»Na denn!«, antwortete ich und hob die rechte Hand zur Verabschiedung.

Sie hoben ebenfalls die Hand und zogen ihre Augenbrauen kurz hoch.

Das »Na denn«, von dem gesprochen, der die Unterhaltung auch begonnen hat, bedeutet so viel wie: Es ist ja alles gesagt, wir wissen wie es euch geht, das Gespräch ist hiermit zu meiner vollen Zufriedenheit beendet. Die kurz erhobene rechte Hand war eine Mischung aus militärischem Gruß und freundlichem Winken. Sie war eine korrekte Abmeldung und wünschte dem Gesprächspartner noch alles Gute.

Ihre wortlose Antwort durch die ebenfalls erhobene Hand sagte aus, dass sie die Lage ebenfalls so einschätzten, und die hochgezogenen Augenbrauen waren eine Bekundung der Wertschätzung.

Wir gingen.

Eine große Freude an jedem Etappenort war das Aufsuchen eines Lebensmittelgeschäftes. Die Pasta-Party am Abend versorgte einen zwar mit den nötigen Kohlenhydraten, aber das Bestreben, die Depots des Körpers möglichst frühzeitig und üppig mit vollwertigen Betriebs- und Baustoffen aufzufüllen, blieb. Und so konnte man sich voll und ganz darin vergessen, an den Regalen vorbeizuschlendern und nach dem Bestem vom Besten zu suchen. Langkettige Kohlenhydrate, Eiweiß, Mineralien, Vitamine, alles möglichst fettfrei und in natürlichen Nahrungsmitteln vorkommend.

Ich hatte mich gerade durch sämtliche Etiketten des Getränkestandes durchgelesen, als sie mit einer Sportkarre samt Kind um die Ecke schob.

»Hallo!«, fuhr es aus mir heraus. »Was machst du denn hier?«

»Hallo!«, antwortete sie sichtlich erstaunt und reichte mir die Hand.

»Unglaublich, wie klein die Welt ist!«, gab ich meiner Überraschung Ausdruck.

»Allerdings!«, antwortete sie lachend.

Ich wand mich ihrem Kind zu. Es war noch sehr klein und hatte vom Fremdeln noch nichts gehört. Ich tat übertrieben freundlich und brachte es damit zum Lachen. Es verstand meine Worte noch nicht, aber mein Tonfall und meine Mimik zeigten ihm, dass unser Zusammentreffen etwas sehr Tolles war.

Ihr Mann kam dazu.

»Hallo!«, begrüßte er mich und reichte mir die Hand.

»Hallo!«, antwortete ich. »Macht ihr hier Urlaub?«

»Ja«, antwortete er. »Und du? Fährst du hier bei diesem Radrennen mit?«

»Genau«, bestätigte ich seine Vermutung stolz.

Er war sehr interessiert an dieser Veranstaltung und hatte selbst schon an einigen Volkstriathlons teilgenommen.

Gerd schlenderte die Regale studierend in unsere Richtung.

»Oh, da ist ja mein Teampartner!«, kündigte ich ihn an.

Gerd kam auf uns zu, erfasste die unglaubliche Situation eines zufälligen Treffens im fernen Ausland und begrüßte die beiden überschwänglich.

»Hallo! Ich heiße Gerd«, stellte er sich selber vor.

»Hallo! Ich bin Jens«, erwiderte unser Gesprächspartner. »Meine Frau kennst du bereits?«

»Nein, leider noch nicht.«

Sie gab ihm die Hand und stellte sich selbst vor. Sie hieß Heike.

Jens und Gerd verfielen sofort in ein angeregtes Gespräch. Beide waren in ihrem Leben schon viel gereist und hatten an den unmöglichsten Orten der Erde Bekannte getroffen. Jens war zum Beispiel in Australien einem ehemaligen Klassenkameraden über den Weg gelaufen, und Gerd stand dem in seinen Geschichten kaum nach. Heike und ich lauschten dem Gespräch und ließen nur ab und zu für Bruchteile von Sekunden unsere Blicke kreuzen.

Woher kannte ich Heike eigentlich? War ich mit ihr zur Schule gegangen? Ich kramte in meinen Erinnerungen und sah ihr zur Auffrischung meiner grauen Gehirnzellen noch einmal ins Gesicht. Auch ihr Blick suchte mein Antlitz, traf den meinigen und wir sahen beide schnell wieder zu Jens und Gerd. Ich fand keine Mitschülerin, mit der sie Ähnlichkeit gehabt hätte und zog in Betracht, dass ich sie vielleicht nur schon einige Male gesehen hatte, wir aber noch nie so richtig etwas Miteinander zu tun gehabt hätten. Vielleicht war sie einfach nur ein bekanntes Gesicht. Ich sah sie noch einmal an, unsere Blicke trafen sich, und wir sahen schnell wieder weg. So bekannt kam mir ihr Gesicht inzwischen gar nicht mehr vor.

Gerd und Jens unterhielten sich jetzt über irgendwelche Korallenriffs, an denen sie beide getaucht hatten. Die beiden schienen sich doch irgendwie zu kennen. Vielleicht hatten sie sich auch schon des Öfteren gesehen und waren nur noch nie miteinander ins Gespräch gekommen. Mir kam Jens allerdings überhaupt nicht bekannt vor. Ich sah noch einmal zu Heike hinüber und sie sah zu mir. Ich lächelte. Sie auch. Mittlerweile kam ihr Gesicht mir genauso fremd vor wie das von Jens. Was mich mit ihr verband, war nur noch der fragende Gesichtsausdruck.

»Wo wohnt ihr jetzt eigentlich genau?«, fragte ich, um die Sache ein wenig einzugrenzen.

»In Rotenburg«, antwortete sie.

Ich hatte keine Ahnung, wo Rotenburg lag, aber mit Sicherheit war das nicht in Schleswig-Holstein.

Gerd und Jens waren bei dem gleichen Thema angelangt.

»Ja, wir haben die Ostsee direkt vor der Tür«, gab Gerd unsere Wohnlage zum Besten.

»Dann habt ihr ja eine ganze Ecke weiter zu fahren als wir«, stellte Jens fest.

»Wir übernachten zwischendurch in irgendeinem Autobahnhotel«, erläuterte Gerd unsere Taktik zur Bewältigung der langen Wegstrecke.

»Also dann könnt ihr doch gut bei uns übernachten!«, schlug Jens freudig vor. »Wir wohnen fast direkt an der A 7 in der Nähe von Kassel.«

»Ach, das wäre natürlich was«, ging Gerd auf die Offerte ein, »aber wann fahrt ihr denn nach Hause?«

»Übermorgen.«

»Wir in drei Tagen.«

»Dann passt es doch«, stellte Jens erfreut fest. »Ich habe gerade unseren Keller ausgebaut, da schlaft ihr mindestens so gut wie im Hotel. Eigenes Bad und eigene Bar, all inclusive!«

Die beiden lachten, tauschten ihre Handynummern aus, und unsere nette Runde trennte sich. Wir schlenderten wieder an den Lebensmittelregalen vorbei und auch Jens und Heike hielten sich noch eine Weile im Laden auf. Jens lächelte mir auch noch einige Male zu, Heike vermied jeden Blickkontakt.

Dann waren sie endlich weg und ich konnte mich wieder frei bewegen.

Ich suchte Gerd.

»Sag mal, kanntest du die?«, fragte ich ihn.

Er sah mich ein wenig verwundert an.

»Nee, du auch nicht?«

»Ich hab keinen blassen Schimmer wer das war«, erwiderte ich und tat so, als hätten die beiden mich angesprochen.

»Nö«, brachte Gerd langgezogen mit einem Grinsen und einem leicht schief gestellten Kopf heraus.

Nö konnte einfach nur nein bedeuten. Wenn man es jedoch langgezogen aussprach, dann bedeutete es eher so viel wie: Das kann ja wohl nicht wahr sein. Der leicht schief gestellte Kopf unterstrich dabei die Unmöglichkeit der Situation und das Grinsen sagte aus, dass wir uns noch lange an diese Geschichte erinnern würden.

Wir trennten uns wieder und vertieften uns in das Lebensmittelangebot.

Sicherlich kann man uns Nordmenschen Wortkargheit und eine gewisse zwischenmenschliche Kälte vorwerfen. Wir kommunizieren in Wahrheit aber sehr gut miteinander, auch wenn das Gespräch von außen betrachtet nicht über das Moin, jo, na denn und nö hinausgeht.

Schwierigkeiten und Missverständnisse treten vielmehr auf, wenn wir uns in der herzlichen und wortreichen Verständigungskultur südlicherer Gefilde versuchen. Bei Jens und Heike meldeten wir uns auf jeden Fall trotz des netten und wortreichen Gespräches nicht mehr, und auch Jens schien Gerds Handynummer schnellstmöglich gelöscht zu haben.

6. Etappe: Wolkenstein – Levico

Der Morgen in Wolkenstein empfing uns mit ausgezeichnetem Wetter! Ein Blick in den Himmel zeigte mir, dass ich heute nicht nur eine Etappe zu fahren, sondern ein gewaltiges Wörtchen um den Etappensieg mitzureden hatte! Dieser Tag war mein Tag! Dieses Wetter war mein Wetter! Es regnete in Strömen.

In den Gesichtern der Fahrer um mich herum war Besorgnis und Mutlosigkeit zu erkennen, ich hingegen lebte auf. Bei uns zu Hause regnet es immer! 370 Tage im Jahr regnet und stürmt es. Regen ist für mich wie ein Heimspiel. Nur war dieser Regen nicht wie unser Regen, der einem vom Sturm kalt ins Gesicht gepeitscht wurde, dieser Regen fiel warm und weich auf die Haut. Ich genoss es, nassgeregnet am Start zu stehen und weidete mich an den verzweifelten Unmutsäußerungen der Konkurrenten. Jeder Tropfen, der vom Himmel fiel, machte mich stärker.

Nach dem Startschuss ging es unmittelbar in den 10 km langen Anstieg zum Sellajoch auf 2240 m Höhe. Ich hatte wieder leichte Nachteile dadurch, dass ich aus Block C starten musste und machte mich sofort an die slalomförmige Aufholjagd. Es begann sehr gut, und so befand ich mich schon bald aussichtsreich neben den ersten aus Block B gestarteten Fahrern. Leider verschlechterte sich das Wetter dann jedoch schlagartig. Zuerst wurden aus den dicken Regentropfen kleine Regentropfen, dann war es nur noch Nieselregen, und schließlich riss sogar die Wolkendecke auf und gab die ersten Sonnenstrahlen frei.

Die Abfahrt vom Sellajoch fand bereits auf trockener Straße statt, was mir wiederum sehr entgegen kam. Ich hatte großen Respekt vor nassem

Asphalt! Im Grunde genommen endete die Abfahrt bis Molina nie wirklich. Insgesamt ging es 55 km weit mehr oder weniger immer nur bergab. Die 6. Etappe hatte über 1000 Höhenmeter mehr bergab als bergauf und war damit gefühlsmäßig sehr schnell zu fahren.

In Molina angekommen ging es nach rasantem Gruppenfahren direkt in den Anstieg. Motiviert vom anfänglichen Regen und von der endlos langen Abfahrt kam ich gut herauf. Und so lag er urplötzlich schon vor mir, der Manghenpass, noch bevor ich damit begonnen hatte, ihn mir herbeizusehnen. Ich schaltete einen Gang hoch und ging in den Wiegetritt. Kaum noch 400 Meter Anstrengungen und einige Fahrer lagen vor mir. Und dann sah ich eines dieser Teams, die nach Gerds Erzählungen angeblich in einer anderen Liga fahren würden. Ich grüßte sie und nahm ihnen noch einige Meter ab. Schon zu Beginn der Abfahrt schossen sie dann wie befürchtet scheinbar mühelos an mir vorbei. Aber ich hatte sie überholt, diese Überflieger, ich hatte sie im Anstieg bekommen!

Die Abfahrt vom Manghenpass war mit 1600 Höhenmetern die längste der Tour. Vielleicht war ich dieses Mal etwas motivierter unterwegs, oder ich bekam langsam Übung, auf jeden Fall fuhren die beiden mir nicht weit genug davon. Am folgenden kurzen Anstieg schloss ich wieder zu ihnen auf und ließ sie sogar wieder einige Meter hinter mir. Ich war jetzt fest entschlossen, mit ihnen in Levico über die Ziellinie zu fahren. Es ging noch einmal kurz abwärts, dann waren die letzten 10 km in der Ebene zu bewältigen. Sie zogen an mir vorbei und ich blieb dran.

Ihr Tempo war hoch. So hoch, dass wir zu einem weiteren Team aufschlossen, das ebenfalls einen sehr starken Eindruck machte. Dann sammelten wir noch zwei Einzelfahrer auf und legten an Tempo noch zu. Alle schienen an einem Strang zu ziehen. Jeder drängte nach vorn, hielt die Geschwindigkeit hoch und hatte nur das eine Ziel, möglichst schnell in Levico über die Ziellinie zu fahren. Kraft sparen musste hier keiner mehr, schließlich lag nur noch die letzte Etappe nach Garda vor uns, und die ließ sich auch bewältigen, wenn man hier voll in den roten Bereich gehen würde. Und so schmolzen die Kilometer nur so dahin.

Ich hatte mir das Roadbook am Morgen angesehen und in Erinnerung behalten, dass die Ziellinie bei Kilometer 122 überfahren werden würde. Den Entschluss, eine sich möglicherweise bietende Chance zu nutzen, hatte ich schon vorher gefasst, und so musste ich ihn bei Kilometer 121,4 auch nur noch umsetzen. Für einen kurzen Moment kam die Zusammenarbeit der Gruppe ins Stocken. Der Zieleinlauf war zwar noch nicht zu sehen, aber alle wussten, dass er unmittelbar bevorstand. Niemand wollte sich jetzt mehr in der Führung verbrauchen, weil jeder befürchtete, dann von den anderen auf den letzten Metern übersprintet zu werden. Und so ging von einer Sekunde zur anderen die Geschwindigkeit um drei oder vier km/h herunter.

Einen Moment zögerte ich, dann fasste ich mir ein Herz, nahm meinen Kopf zwischen die Schultern und pumpte alles was ich hatte in die Beine. Mein Spurt kam überfallartig und hatte die von mir erhoffte Explosivität. Ich erhöhte die Geschwindigkeit innerhalb kürzester Zeit um fast 10 km/h und setzte dann alles daran, sie aufrecht zu erhalten. Bei Kilometer 122 war das Ziel noch nicht zu sehen, statt dessen signalisierte ein Streckenposten, dass es noch einmal scharf rechts ab ging.

Ich nahm möglichst viel Schwung mit und hatte nun freien Blick auf den Zielbogen. Der war allerdings noch gute 500 Meter entfernt, und die Straße war zu allem Übel leicht ansteigend. Mir kamen Zweifel, ob ich vielleicht zu früh angegriffen hätte. Ich befürchtete, nun derjenige zu sein, an dem die anderen vor dem Ziel vorbeisprinten würden. Die Zweifel wandelten sich in Sekundenschnelle in Angst, dann in Energie und schließlich in Entschlossenheit. Irgendwo hatte der Körper noch Reserven, und die brannte ich jetzt ab. Ich blieb in aerodynamischer Sitzposition und brachte eine 42 auf den Tacho. Jederzeit rechnete ich mit dem Auftauchen eines Fahrers neben mir, aber es passierte nicht. Und als ich über die Ziellinie fuhr und meinen herausgesprinteten Vorsprung erfasste, da hatte sich meine Einschätzung vom Morgen bestätigt.

Dies war mein Tag! Ich war die Etappe nicht nur gefahren, ich hatte die Etappe gewonnen! Ich war der Sieger der Etappe von Wolkenstein nach Levico!

Nun mag man ja einwenden, dass ich sie nicht gegen alle gewonnen hatte, schließlich war das Siegerteam schon seit über 50 Minuten im Ziel. Aber ich hatte sie gegen meine unmittelbaren Kontrahenten gewonnen! Und das kam einem Etappensieg gleich!

Wie ist er doch herrlich, dieser Radsport, in den man mit 30 Jahren einsteigen und schon bald größte Erfolge feiern kann!

Der Radsport

Mit dem Radsport ist es so eine Sache. Von außen betrachtet besteht der Straßenradsport aus lauter knalligen Rennrädern und bunt gekleideten Fahrern, die stundenlang durch herrliche Landschaften surren. Der Außenstehende kann sich durchaus mal ein Radrennen im Fernsehen ansehen, die taktischen Hintergründe und die inneren Beweggründe der Teilnehmer aber bleiben ihm vollkommen fremd. Er sieht nur die schöne Landschaft und die Räder, und vielleicht sieht er auch noch seinen nationalen Vertreter oder seinen Lieblingsfahrer siegen, darüber hinaus sieht er nichts. Ich selbst war ja erst drei Jahre zuvor zum Radsport gewechselt und konnte mich noch sehr gut an meine eigene Betrachtungsweise solcher Fernsehübertragungen erinnern. Schön, aber mit der Zeit gähnend langweilig. Da fahren halt einige fitte Typen endlos lange durch die Gegend.

Wenn man den Radsport jedoch auf diese Sichtweise reduziert, dann ist es so, als würde man den Fußball darauf reduzieren, dass 22 Sportler gegen einen Ball treten. Nein, der Radsport ist wesentlich mehr!

Schon während meiner ersten RTF wurde mir klar, was es mit diesen ganzen taktischen Geschichten auf sich hatte, von denen sie im Fernsehen ständig redeten und die doch niemand nachvollziehen konnte, der nicht selbst schon auf ein Hinterrad angewiesen war. Eigentlich hatte ich nur die 115 km lange Runde fahren wollen, aber im Eifer des Gefechts fuhr ich dann doch gleich die 156 km. Ich spürte, wie man von einer Gruppe profitiert und im Windschatten viel schneller als im Training fahren kann. Und so war ich mir vollkommen darüber im Klaren, dass ich auf keinen Fall abreißen lassen durfte, als das Tempo immer mehr anzog.

Irgendwann kam ich dann an der Erkenntnis nicht mehr vorbei, dass wir für meine Verhältnisse eindeutig zu schnell unterwegs waren. Und als ich mich endlich nach hinten herausfallen ließ, da war ich bereits so platt, dass die nächste und die übernächste Gruppe einfach so an mir vorbeirauschten. Es dauerte, bis ich mich wieder in einer Gruppe halten und von ihr profitieren konnte. Man stellte mich damals von der Führungsarbeit frei, weil ich offensichtlich nichts mehr zulegen konnte.

Heute habe ich auf jeder RTF meine persönlichen Rivalen, vor denen ich unbedingt im Ziel sein muss. Wenn die hinter mir sind, dann zeige ich mich schon mal großzügig und leiste für andere Führungsarbeit. Damit revanchiere ich mich nachträglich für die erste RTF und im Voraus für die kommenden Tage, an denen ich auf stärkere Fahrer angewiesen bin. Meist aber versuche ich einfach die schnellstmögliche Gruppe zu erwischen und nicht mehr als den gerechten Anteil zu leisten. Und das erfordert schon ein geschicktes taktisches Vorgehen.

Während der Jeantex/Tour-Transalp kommt es in den allermeisten Fällen auf solche taktischen Spielchen nicht an. Bei der Alpenüberquerung versucht man Zeit in den Anstiegen gut zu machen. Und im Anstieg braucht man keinen Windschatten. In der Abfahrt fährt man auch kaum in Gruppen, weil das bei den hohen Geschwindigkeiten viel zu gefährlich erscheint. Wenn man aber in der Ebene unterwegs ist, dann haben alle Fahrer das gleiche Interesse an einer gut funktionierenden Gruppe. Man versucht nicht sich abzuhängen, man versucht zusammen möglichst schnell und ökonomisch zum nächsten Anstieg zu gelangen.

Nein, die Taktik ist hier nicht so entscheidend. Sie macht den Reiz der Etappen nicht aus.

Bei der Jeantex/Tour-Transalp kommt ein anderer von außen kaum sichtbarer Aspekt des Radsports zum Tragen. Dieser Aspekt ist mit Sicherheit sogar der entscheidende Verursacher der Radsportsucht. Wenn man als Nichtradsportler aufs Rad steigt und alles gibt, dann kommt nicht viel Gutes dabei heraus. Fährt man schnell, übersäuert man und fühlt sich schlecht; fährt man weit, sind die Batterien leer und man fühlt kaum besser dabei. Für einen Nichttrainierten ist der Suchtfaktor gar nicht zu erfahren. Und so kommen die meisten auch zum Radsport, weil sie sich irgendein Ziel gesetzt haben und darauf hin trainieren, obwohl es ihnen erst einmal nicht unbedingt gut gefällt.

Bei mir war das Ziel die Teilnahme an den HEW-Cyclassics. Ich wurde gefragt, ob ich mitfahren wolle und sagte zu. Und dann musste ich natürlich trainieren, um mich nicht zu blamieren. Und so wurde ich am eigenen Leibe Zeuge, wie der Radsport mich Schritt für Schritt mehr vereinnahmte und mich am Ende durch und durch kontrollierte. Er tat es mit körpereigenen Opiaten, mit Endorphinen, mit Glücksboten und wundersamen Hormoncocktails. Der Ablauf ist dabei stets der gleiche und kann wie folgt beschrieben werden.

In den ersten Wochen und Monaten kann das Ziel des Radtrainings nur in der Steigerung der Trainingsumfänge liegen. Man beginnt vielleicht mit 30 km und weiß, dass man seiner Gesundheit damit etwas Gutes tut. Dann erweitert man seine Runde ein wenig und fährt 40 km. 40 km hört sich schon gut an. Nach einiger Zeit wundert man sich, wie locker man doch 40 km fahren kann und erinnert sich daran, wie lang sich 40 km noch vor einigen Wochen angehört haben. Und da es so locker geht, fährt man einfach mal 50 km.

Das Tacho wird langsam zum besten Freund und man ist stolz, wenn man das erste Mal eine 62 abliest. Jetzt packt einen so langsam der Ehrgeiz. 70 will man sehen. Oder mal 80! Sinnigerweise fährt man in dieser ersten Zeit mit einem niedrigen Puls und achtet nicht so sehr auf die Durchschnittsgeschwindigkeit. Der Körper passt sich den Belastungen allmählich immer mehr an. Aber nicht nur, dass die Durchblutung der Muskulatur verbessert und die Brennstoffreserven vergrößert werden, nein, die Anpassung geht darüber hinaus.

Der Körper bemerkt natürlich, dass er regelmäßig dazu gezwungen wird, diese ständig steigenden Ausdauerbelastungen zu ertragen. Und da er sich immer noch für einen Steinzeitmenschen hält, muss er davon ausgehen, dass er seit neuestem unglaublich weite Strecken zurücklegen muss, um Nahrung zu finden. Der Körper aber weiß, dass seine schwächsten Punkte die Trägheit und die Schwäche seines Trägers sind. Er befürchtet also, dass die kraftlose menschliche Seele, die er beherbergt, ihn aus Faulheit einfach verhungern lässt. Also besticht er die Seele. Er produziert von Mal zu Mal mehr Glückshormone und lässt dafür unangenehme Stresshormone verschwinden.

Und so wird das, was zu Beginn noch mehr oder weniger unter Zwang geschah, zunehmend zur Sucht. Man fährt gerne weite Strecken mit dem Rad. Es dauert weitere Monate, dann hält man es für vollkommen normal, am Sonntagmorgen vor dem Frühstück 100 km zu fahren, um sich für einen über 200 km langen Marathon vorzubereiten. Diese Trainingseinheiten im Grundlagenbereich machen ausgeglichen und schenken eine gleichmäßig verteilte, zufriedene Grundstimmung.

Irgendwann kommt dann der Zeitpunkt, im Training nicht nur die Umfänge zu steigern, sondern auf eine höhere Durchschnittsgeschwindigkeit hinzuarbeiten. Das macht man unter anderem mit dem Kraftausdauertraining. Man tritt hohe Gänge. Man fährt keine vier Stunden, man fährt nur zwei, aber in diesen zwei Stunden legt man dafür richtig was in die Pedale.

Der Körper schließt daraus, dass man wohl nicht mehr nur locker durch die Gegend trabt, um Früchte und Pilze zu suchen, sondern dass man zwischendurch immer mal wieder etwas verfolgen muss. Wild. Nun steht zu befürchten, dass die schwache Seele sich diesen intensiveren Belastungen nicht länger aussetzen und den Körper zum vegetarischen Leben zwingen wird. Er beginnt mit erneuter Bestechung. Mit einem leicht veränderten Cocktail.

In diesem Cocktail ist mehr Energie pro Zeiteinheit vorhanden. Es ist nicht mehr diese ruhige endlose Energie, es ist eine aggressivere Form mit Drang zur dynamischen Entladung. Natürlich dauert auch dieser Vorgang zur Suchtsteigerung einige Wochen. Nicht nur, dass die Muskeln diese Zeit brauchen, um die dicken Gänge überhaupt über längere Zeit treten zu können, auch braucht der Körper die Zeit, um das Anmischen des modifizierten Cocktails zu lernen.

Immer gilt das Prinzip der Allmählichkeit, immer muss man dem Körper die nötige Zeit lassen. Und wenn man das tut, dann liefert er einem je nach Belastung exakt die richtige Hormonmischung.

Es geht weiter. Nachdem der Körper monatelang gut vortrainiert worden ist, geht es in die noch intensiveren Trainingseinheiten – in den Entwicklungsbereich. Jetzt fährt man immer mal wieder Strecken zwischen 10 und 20 km mit richtig viel Dampf. An der Grenze zum anaeroben Bereich. Genau da, wo der Körper noch so eben mit dem Sauerstoff auskommt und nicht zu viel Laktat bildet.

Für den Körper kann das nur eines bedeuten. Er ist auf der Flucht. Wäre der Mensch auf der Jagd, dann würde dieser Zustand nur schwerlich zustande kommen. Entweder würde er sich nämlich vorsichtig anschleichen, oder er würde aus kürzerer Entfernung auf dem Sprung zur Beute voll in den roten Bereich gehen.

Nein, er ist auf der Flucht. Es ist keine Flucht in allerletzter Sekunde, sonst würde der Mensch ihn wohl in den roten Bereich zwingen, es ist eine kontrolliertere, aber doch sehr eilige Flucht. Dementsprechend wird auch der Cocktail gemixt. Der Körper besticht jetzt nicht mit Glückshormonen, schließlich, so denkt er, motiviert die bedrohliche Lage allein schon ausreichend. Deshalb muss man sich im Training auch in den Entwicklungsbereich zwingen. Nein, er sorgt lediglich für eine hundertprozentige Konzentration. Im Entwicklungsbereich vergisst man alles Nebensächliche und ist voll und ganz bei der Sache. Die Gedanken schweifen nicht ab, man spürt keine Müdigkeit im Kopf und hat den Blick nur für das Entscheidende – den unmittelbar vor einem liegenden Asphalt.

Das Angenehme an der Belastung im Entwicklungsbereich ist die Zeit danach. Der Kopf ist vollkommen freigeblasen, da ja alles vom Cocktail verdrängt worden ist und nur langsam wieder in die Gedanken zurückfindet.

Und nun setzt auch eine stolze Zufriedenheit ein. Man hat es ja geschafft, man ist ja noch am Leben, und dafür dankt der Körper nachträglich. Nach dem Training im Entwicklungsbereich ist es sehr schwer, sich von irgendetwas oder irgendjemandem frustrieren zu lassen. Man ist eben ein Gewinner.

Der Spitzenbereich in der Belastung hingegen führt zu ganz anderen Instinkten. Zum Training im Spitzenbereich gehören zum Beispiel die Sprints. Man fährt aus der Belastung im Grundlagenbereich schlagartig von null auf hundert und brennt innerhalb von sechs bis zehn Sekunden ein Feuerwerk ab. Danach geht es etwa drei bis fünf Minuten wieder ruhig weiter, um erneut aus dem Busch zu springen und die Beute oder einen Feind blitzartig zu erledigen. Der Körper erkennt, hier geht es um alles oder nichts. Also liefert er den benötigten Mix: Eine Portion Aggressivität, mit Entschlossenheit und Selbstbewusstsein. Man ist der Größte, ein Tier, ein Killer. Man kann alles und jeden in Stücke reißen. Andere Menschen müssen sich für dieses Gefühl Koks durch die Nase ziehen, der Radsportler wird süchtig nach Sprints.

Beim Training des Stehvermögens fährt man eine bis fünf Minuten am Anschlag. Man fährt die maximal mögliche Geschwindigkeit und hält diese gegen alle körperlichen und menschlichen Schwächen aufrecht. Das kann für den Körper nur eines bedeuten: panische Flucht! Und so steht einem die Panik während so einer Fahrt auch ins Gesicht geschrieben. Alle Funktionen unterstehen in dieser kurzen Zeit nur dem einen Ziel – durchhalten! Man nimmt eigentlich gar nichts mehr wahr. Man funktioniert nur noch. Erst einige Sekunden nach dem Intervall kehrt das Bewusstsein für sich und die Umwelt zurück.

Und dann bemerkt man auch seine entglittenen Gesichtszüge, den weit aufgerissenen Mund und den entsetzten Blick. Es bleibt einige Zeit, wieder zum normalen Aussehen zurückzufinden, dann geht es in die erneute Flucht. Und diese Panik, dieses Entsetzen, dieses Grauen, das alles macht wirklich süchtig. Andere Menschen sehen sich Horrorfilme an, der Radsportler trainiert das Stehvermögen.

Mit dem Radsport ist es also so eine Sache. Von außen betrachtet besteht er aus knalligen Rädern, bunt gekleideten Fahrern und schöner Landschaft. Nur erscheint er dem Nichtradsportler unheimlich monoton. Der Zuschauer muss sich fragen, was die Akteure antreibt, Tag für Tag die selben einfachen Bewegungsabläufe Stunde für Stunde Tausende von Malen zu wiederholen. Bei den Siegfahrern erklärt man sich das dann mit den Gewinnprämien und der Anerkennung. Allein es stellt sich die Frage, wie sich die kaum absehbare Zahl kleiner Amateure ohne Siegchancen motivieren kann. Was bringt diese Menschen dazu, nach der Arbeit auf ihr Rad zu steigen und wie besessen Kilometer zu fressen? Verbringen sie einen Großteil ihrer Trainingsstunden doch allein und ohne applaudierende Zuschauer auf unspektakulären Landstraßen ihrer Umgebung. Und um diesem Rätsel auch noch ein besonderes Fragezeichen nachzustellen, fahren die allermeisten von ihnen auch noch täglich die selbe Strecke. Sie setzen vielleicht mal einen Extrabogen dran oder lassen einen weg, aber im Großen und Ganzen fahren sie immer und immer wieder den selben Kreis. Und das meist auch noch in die selbe Richtung.

Und so wirkt der Rennradfahrer, den man nun schon seit Monaten regelmäßig durch die eigene Ortschaft fahren sieht, für die Bewohner leicht befremdlich. Bei Wind und Wetter absolviert er seine Runde und scheint dabei wie von einer anderen Welt zu sein. Bei Regen flucht er nicht, Wind scheint er gar nicht zu bemerken und Hitze treibt ihn nicht an den Strand. Er scheint hoch konzentriert seiner Tätigkeit nachzugehen, die doch im Grunde so einfach ist, dass jedes kleine Kind sie ausüben kann. Er geht Tag für Tag in einer Sache auf, die von den meisten Menschen im Alter von 18 Jahren unwiderruflich als ein unvermeidliches Übel der Kindheit abgehakt wird. Und doch wirkt er nicht unbedingt dumm. Vielmehr erweckt er bei den Anhängern von Zivilisationskrankheiten den Eindruck, im Leben gescheitert oder auf dem Rückzug vor Problemen zu sein. Man vermutet eine Ehescheidung oder einen Konkurs. Man wähnt ihn auf der Flucht vor dem Leben.

In Wahrheit steht die Sache ganz anders. Er ist nicht auf der Flucht vor dem Leben, er ist auf der Jagd nach dem Leben. Denn wenn man ihn mal langsam fahrend, aber schnell tretend, dann mal schnell fahrend, aber langsam tretend, oder auch schnell fahrend und schnell tretend durch die Gegend rauschen sieht, dann tut er von außen betrachtet vielleicht nichts anderes als Rad zu fahren, im Innern aber lebt er, wie es die Natur für ihn vorgesehen hat. Er legt lange Strecken auf der Suche nach Nahrung zurück, er jagt Wild, er ist auf der Flucht oder auf dem Sprung zu einem entscheidenden Kampf. Und all dieses sind die Dinge, für die der Körper des Menschen in Jahrhunderttausenden der Evolution geschaffen worden ist. Mit diesen Dingen kann er etwas anfangen. Er belohnt die Seele mit körpereigenen Drogen und motiviert sie zu großen Leistungen. Er lässt die Seele mit steigenden Anforderungen wachsen und stark werden. Er kommuniziert mit ihr, ist er doch von ihrem Wohlbefinden und ihrer gesunden Stärke abhängig.

Das Gegenteil von diesem ursprünglichen Dasein ist die Zivilisation mit ihren verlockenden Freuden. Sie verspricht dem Menschen das Abenteuer Leben mit der Trägheit einer jämmerlichen Seele in Verbindung zu bringen. Dabei hat auch die Trägheit in der Evolution durchaus ihre Berechtigung, verschafft sie dem Körper doch die nötige Regenerationszeit zwischen den Belastungen eines harten Daseinskampfes. Satt und faul daliegen können ist die sinnvolle Belohnung für ertragende Härte. Nur ist es eben so, dass dieser harte körperliche Daseinskampf in der westlichen Welt nicht mehr stattfindet, dass aber die Vorstellung von der belohnenden Wirkung des Müßigganges erhalten geblieben ist. Ohne den Gegenpol der Strapazen führt der körperliche und geistige Winterschlaf eines Menschen aber zwangsläufig zur Gefühllosigkeit. Und diese Gefühllosigkeit führt zum fast blindwütigen Streben nach Veränderung. Neuer Lebenspartner, neues Haus, neues Auto, neuer Urlaub.

Konnten auch diese Veränderungen nicht von der eigenen Gefühllosigkeit ablenken, modifiziert man das Streben nach Veränderung. Mehrere Lebenspartner, mehrere Häuser, mehrere Autos, mehrere Urlaubsreisen. In Wahrheit ist dieses Streben nach mehr längst Hauptantrieb unserer westlichen Welt geworden.

Wenn also der Radsportler rein äußerlich betrachtet einer absolut monotonen Tätigkeit nachgeht, die konträr zur gesellschaftlich anerkannten Sucht nach Veränderung steht, so findet in seinem Innern doch eine äußerst intensive und vielseitige Gefühlswelt Platz.

Und gilt das schon für die normalen Trainingsfahrten, so zählt es um so mehr für die Transalp. Wie hatte sie mich doch belebt, die Etappe von

Wolkenstein nach Levico! Die Flucht vor Gerd und die Jagd in den Anstiegen auf die vor mir fahrenden Fahrer. Wie hatte mir der Sprintsieg doch die Lebensgeister geweckt, und wie angenehm kündigte sich die Trägheit im Ziel als sinnvolle Belohnung an. Hier in Levico spürte ich einmal mehr, was es bedeutete zu leben.

Das Leiden und seine Folgen

Nachdem ich mich nach meinem grandiosen Sprintsieg ausreichend am Verpflegungsstand bedient hatte, machte ich mich auf den Weg ins Camp. Ich hielt es für wichtig, dass Gerd beim Betreten unserer Unterkunft meinen Schlafplatz fertig vorbereitet und mich frisch geduscht beim Essen vorfinden würde. Das hatte ich auch in den letzten Tagen so gehalten. Zusätzlich erzählte ich ihm dann zum Beispiel, dass ich schon beim Reparaturservice gewesen war, und dass ich mich schon ausführlich umgesehen hatte. Das sollte Gerd meine Überlegenheit nicht nur mit Minutenangaben vor Augen führen, sondern auch mit der detaillierten Darlegung aller Dinge, die man in dieser Zeit erledigen konnte.

Levico war der einzige Etappenort, an dem das Camp nicht in unmittelbarer Nähe vom Zielbereich eingerichtet war. In Levico waren es mehrere Kilometer bis zu unserer Unterkunft. Ich wollte zwar keine Zeit vergeuden, aber ich wollte meinen Körper auch nicht weiter belasten. Also nutzte ich die Strecke zur Erholung und fuhr im Regenerationsbereich mit einem Puls von 110 Schlägen. Es ging raus aus der Ortschaft und auf ein stille Landstraße. Ich war allein.

Es war schon ein merkwürdiges Gefühl, nach dem Rummel im Zielbereich von einer Minute zur anderen wieder mit sich allein zu sein. Selbst für mich, obwohl ich herzlich wenig auf meine Mitmenschen angewiesen war. Ich konnte nicht nur allein sein, ich konnte sogar allein gegen alle sein. Das hatte ich im Leben schon häufig bewiesen. Ich war nie auf das ganze mitmenschliche Getue hereingefallen. Schon als Kind nicht. Als sie mich auf Grund meiner schulischen Leistungen in eine andere Klasse versetzten, besser gesagt zurückversetzten, da schwafelte die Klassenlehrerin herum von wegen meine Mitschüler sollten mich in die Klassengemeinschaft aufnehmen und so weiter.

Wer hatte ihr denn überhaupt gesagt, dass ich aufgenommen werden wollte? Mir lag vielmehr an der Rolle des bösen Außenseiters. Und so schaffte ich es innerhalb weniger Tage, dass sämtliche Mitschüler vor mir auf der Flucht waren. Erst als die Sanktionen seitens des Schulrektors zu massiv wurden, stellte ich die Drangsalierung der Klasse ein. Und dann war ich plötzlich um so beliebter, weil ich ja doch nett sein konnte. Hätte man mir aber freien Lauf gelassen, ich hätte ihnen schon gezeigt, dass an mir nichts Nettes ist.

Einige hundert Meter weiter sah ich zwei Fahrer am Straßenrand stehen. Es sah nach einem Platten aus. 2004 war für mich das Jahr der nicht enden wollenden Plattenserie. In der schlimmsten Phase durchstachen allein in zwei Wochen drei spitze Steine meine neuen Reifen und zwangen mich zum unfreiwilligen Schlauchwechsel. Auf der Suche nach einer Lösung des Problems wurde mir der Michelin Pro Race empfohlen. Ich bestellte einen Satz und hatte bei der ersten Trainingsfahrt nach 40 Kilometern einen nadelspitzen Stein im Vorderrad. Ich konnte es zuerst gar nicht glauben und versuchte das schwammige Fahrverhalten zu ignorieren, aber schon nach kurzer Zeit fuhr ich auf der Felge und musste der Realität ins Auge sehen. Also stand ich wieder am Straßenrand und wechselte den Schlauch.

So eine Plattenserie kann einem schlimmstenfalls die Freude am Radsport nehmen. Mit so einer Plattenserie muss man umgehen können. Ein Platten darf einem nicht den Nerv rauben. Man muss ihn als etwas vollkommen Normales empfinden. In aller Ruhe vom Rad steigen und mal wieder den Schlauch wechseln, das ist ein fester Bestandteil des Trainingsplanes. In meiner Satteltasche waren daher auch immer zwei Ersatzschläuche, zwei Reifenheber und eine Xtreme Air Coach mit zwei CO_2-Kartuschen zu finden.

Einer der beiden Fahrer hatte tatsächlich einen Platten. Die beiden starrten vollkommen genervt auf das Hinterrad und wirkten wie gelähmt. Ich konnte sie gut verstehen. Nach all den Strapazen wollten sie einfach nur noch duschen und sich ausruhen, und nun mussten sie diesen dämlichen Schlauch wechseln. Für mich war das kein Problem. Ich musste das 2004 ständig machen. Ich hielt an, nahm Ersatzschlauch, Reifenheber und Air Coach aus meiner Satteltasche, nahm dem Betroffenen sein Rad aus der Hand, schaltete die Kette hinten aufs kleinste Ritzel, öffnete die Bremse, löste den Schnellspanner, nahm das Hinterrad raus und drückte ihm den Rest des Rades in die Hand.

Ich verzog dabei keine Miene, entfernte die restliche Luft aus dem Schlauch, setzte den Reifenheber an und zog einmal herum. Ich zog den alten Schlauch heraus, überprüfte den Mantel und befreite ihn von einem Metallsplitter. Dann brachte ich den neuen Schlauch in die richtige Lage, gab minimal Luft hinein und brachte den Mantel wieder in die Hakenfelge. Die Air Coach Pumpe schaffte spielend 10 bar, ich brachte gefühlsmäßig 8 bar rein, setzte das Hinterrad wieder ein, schloss die Bremse und drückte dem Unglücksfahrer den kaputten Schlauch in die Hand.

Er sah mich ungläubig an, wirkte aber sehr erleichtert. Ich hatte für die ganze Aktion keine fünf Minuten gebraucht, und es hatte mich nicht im Geringsten genervt. Ganz im Gegenteil, ich konnte mich irgendwie mit ihm freuen. Ich tat zwar so, als ob ich es vollkommen mechanisch machen würde, aber innerlich konnte ich mich darüber freuen, dass er sich darüber freute, weil ich mir so gut vorstellen konnte, wie er sich darüber freute.

Noch bevor es zu irgendwelchen schleimigen Dankesreden kommen konnte, schwang ich mich aufs Rad und fuhr weiter. Ich war nicht wirklich hilfsbereit. Ich hatte es nur gemacht, weil ich mir einen Spaß aus dem Vorfall machen wollte. Im Grunde genommen habe ich noch nie etwas für andere gemacht. Ich bin kein Samariter, ich bin vielmehr ein Raubtier, das sich nimmt was es will. Niemand kann mir vorwerfen, dass ich jemals aus Rücksicht auf andere nicht zu meinem eigenen Ziel gekommen wäre.

Der Bikepark grenzte genau an unserer Unterkunft. Ich gab mein Rad ab und fand auch schnell unsere Taschen. Keine 15 Minuten später hatte ich geduscht und meine Luftmatratze aufgepustet. Ich verstreute noch schnell ein paar Utensilien um meinen Schlafplatz, damit Gerd den Eindruck bekommen würde, als hätte ich schon den Spiegel gelesen, das

Roadbook studiert, den Wecker gestellt, einen Riegel gegessen und Nachrichten per Handy verschickt.

Dann stand plötzlich dieser Typ vor mir und drückte mir Geld in die Hand.

»Vielen Dank noch mal«, sagte er und klopfte mir dabei auf die Schulter. »Es gibt doch immer wieder gute Menschen.«

Ich lachte verlegen, war innerlich aber vollkommen paralysiert. Es war ja nicht so, dass ich es für ihn gemacht hatte. Ich hatte es für mich getan. Ich hatte ihn morgens am Start gesehen und festgestellt, dass er gar keine Trinkflaschen dabei hatte. Er selbst hatte das noch gar nicht bemerkt und es war zu spät für ihn, noch einmal ins Hotel zurückzufahren. Er hatte nur noch eine Chance: Er konnte sich Trinkflaschen am Tour-Stand kaufen. Allerdings hatte er kein Geld dabei. Ohne Trinkflaschen war der geliefert! Er würde richtig leiden müssen. Ich stellte mir vor, wie schrecklich es wäre, wenn mir so etwas passieren würde und wie ich mich freuen würde, wenn mir jemand Geld geben würde. Ich hatte immer 10 Euro in der Satteltasche und drückte sie ihm in die Hand. Ihm schien ein Stein vom Herzen zu fallen. Und darüber konnte ich mich freuen, aber nur, weil ich mich so gut in seine Lage hineinversetzen konnte, dass auch mir dieser Stein vom Herzen fiel. Dafür konnte man mich ja nun wirklich nicht gleich zum guten Menschen abstempeln.

Ich legte mich auf meine Luftmatratze und wartete auf Gerd, um den vor lauter Langeweile Eingeschlafenen zu spielen. Statt meines Teampartners kam aber dieser Typ, dem ich in Brixen meinen alten Polar-Brustgurt geschenkt hatte, weil er seinen wohl in Sölden liegen gelassen hatte. Ich hatte das Ding eh nur als Ersatz mitgenommen, falls mein neuer Brustgurt irgendwie streiken sollte und ich dann meine Pulsfrequenz nicht mehr ablesen könnte. Ohne Pulsmesser zu fahren ist für mich sehr verunsichernd. Ich habe mich daran gewöhnt, zur Überprüfung der gefahrenen Intensität meine Herztätigkeit zu beobachten. Ohne Pulsmesser habe ich ständig das Gefühl, entweder viel zu langsam oder viel zu schnell zu fahren. Na ja, auf jeden Fall nutzte der Typ seitdem jede Gelegenheit, um mir seine Dankbarkeit zu demonstrieren.

Ich stellte mich vorsichtshalber schlafend und machte mir dabei so meine Gedanken über das Leiden der vergangenen Tage. Bisher hatte ich angenommen, dass das Leiden etwas Negatives sei. Die Jeantex/Tour-Transalp ließ mich in diesem Punkt jedoch zu einer anderen Überzeugung gelangen. Ich hielt es nicht mehr für ein Übel, sondern ich lernte das Leiden zu differenzieren und seine Auswirkungen zu schätzen.

Leiden tritt nämlich offensichtlich in verschiedenen Konstellationen und mit unterschiedlichen Folgen auf. Da gibt es zum einen das positiv euphorische Leiden. Bei dieser Leidensform ist es so, dass die eigene Leistung den Erwartungen voll entspricht, und dass man auf dem Weg ist, ein persönliches Ziel zu erreichen.

Konkret bedeutet das zum Beispiel, dass man an einem Anstieg seinen Rivalen abgehängt hat und an vielen anderen Fahrern vorbeifliegt. Man fährt zwar am Anschlag, kämpft mit stechenden Lungenflügeln, schmerzenden Beinen und einer zunehmenden körperlichen Erschöpfung, man weiß aber, dass man mit einer persönlichen Bestleistung ins Ziel kommen wird. Das Leiden wird durch den in Aussicht gestellten Erfolg objektiv zwar nicht geringer, subjektiv wird es jedoch als vorrübergehend zu zahlender Preis, als durchaus angemessen empfunden. Es kann sich sogar so weit steigern, dass die Freude über die sich anbahnende persönliche Bestleistung ins Euphorische ansteigt, und dass das Wissen darüber, dass mit steigender Leidensbereitschaft die Leistung und damit der Lohn noch höher werden, zu einer wahren Leidenslust führt.

Eine weitere Leidensform ist das annehmbare Leiden. Bei dem gerade noch so zu akzeptierenden Leiden halten sich Qualen und in Aussicht gestellter Erfolg in einem ungefähren Gleichgewicht, mit leichter Tendenz zum Erfolg. Das annehmbare Leiden ist in keinster Weise euphorisch, es ist einfach ein zu ertragendes Übel, und mit zunehmender Erfahrung im Radsport findet man sich immer mehr mit diesem Übel ab. Konkret ist das annehmbare Leiden in jedem Anstieg zu finden, in dem es nicht gerade besonders gut oder besonders schlecht läuft. Man quält sich den Berg hinauf und die Vorfreude auf das Gelingen des Vorhabens hält einen bei der Stange.

Die häufige Auseinandersetzung mit dem annehmbaren Leiden im Radsport führt zu einer Stärkung der Willenskraft, die auch im täglichen Dasein Blüten trägt. Es ist die Fähigkeit, sich ein Ziel zu setzen und dieses dann gegen alle Widerstände und Trägheitsmomente zu verwirklichen, die man eins zu eins vom Radsport in alle Lebensbereiche übertragen kann.

Eine Stufe niedriger in der Hierarchie des Leidens und damit erheblich schwieriger zu ertragen ist das unproduktive Leiden. Das unproduktive Leiden erfordert eine gut geschulte Willenskraft. Bei dieser Leidensform ist nämlich kein in Aussicht gestellter Erfolg mehr vorhanden. Man kämpft nicht für einen persönlichen Sieg, man kämpft gegen eine persönliche Niederlage.

Schlimmer noch, es bleibt einem lediglich die Pflicht, die nicht mehr abzuwendende persönliche Niederlage möglichst klein zu halten. Konkret kann das den Kampf gegen einen Hungerast, gegen starke Muskelverspannungen, gegen eine Schwächephase oder einen schweren Anstieg bedeuten, nachdem man durch einen technischen Defekt ohnehin schon geschlagen ist. Man weiß, dass einen im Ziel keine belohnenden Gefühle erwarten werden. Das Rennen ist verloren. Es ist nichts mehr zu holen, und trotzdem muss man sich noch stundenlang schinden.

Das unproduktive Leid aber hat immer noch einen nicht zu unterschätzenden Wert. Es schult die Willenskraft ungemein! Es ist wohl die entscheidende Trainingsform zur Ausbildung einer in vielen Lebensphasen äußerst nützlichen Fähigkeit zur Härte gegen sich selbst. Wenn man sich also nach einem Reifendefekt mit verspanntem Rücken und Hungerast als Schlusslicht des Feldes ohne Aussicht auf Ruhm abmüht, dann kann man sich immer noch vor Augen führen, dass man das Ziel rein äußerlich zwar als Verlierer erreichen, dass man innerlich aber einen großen Sieg errungen haben wird.

Allerdings hat das Leiden auch einen schalen Beigeschmack. Man bekommt davon diese sozialen Anwandlungen. Man versetzt sich plötzlich in wildfremde Menschen hinein und führt sich wie einer dieser weichgefönten, stets hilfsbereiten Wohltäter auf. Man tut Dinge, die einem unter normalen Umständen nicht einmal als Möglichkeit einfallen würden.

Ich war aber guter Hoffnung, dass das nach der Tour sofort wieder aufhören würde. Wenn mich der normale Alltag erst einmal zurück haben würde, dann würde auch dieser Spuk schnell vorbei sein.

Das knallharte Urteil

Levico war wie gesagt der einzige Etappenort, in dem das Camp weit vom Ziel entfernt lag. Normalerweise hielt ich mich ein oder zwei Stunden im Camp auf und ging dann zurück zur Zielankunft, um ein wenig umherzuschlendern, mir die einzelnen Stände anzusehen, noch ein paar Kleinigkeiten zu essen und die letzten eintreffenden Fahrer zu bejubeln. In Levico war mir die Entfernung zu weit, dafür nutzte ich den Vorteil, dass der Bikepark genau an der Sporthalle angrenzte, in der wir untergebracht waren.

Die Bikeparks waren eine gute Sache, und so stellten selbst viele Fahrer, die sich in Hotels eingemietet hatten, ihre Fahrräder dort ab. Es wurde von den Tourorganisatoren sogar dringlichst darauf hingewiesen, dass die Fahrräder nur im Bikepark wirklich sicher aufgehoben seien. Trotzdem nahmen einige Teilnehmer ihre Räder mit ins Hotel, und in einer Nacht wurden zwölf davon aus den Hotelgaragen gestohlen. Allen Betroffenen konnte durch die Mithilfe der Jungs vom Rose-Versand ein Ersatzfahrrad gestellt werden, aber damit, so mutmaßten Gerd und ich, war wohl auch der Vorrat an Ersatzrädern hoffnungslos verbraucht. Wir waren darüber sogar ein wenig in Streit geraten:

»Wenn sie jetzt noch jemandem das Rad klauen«, sagte Gerd, »dann tut der mir wirklich Leid, für den ist die Tour zuende!«

»Wer jetzt noch so dumm ist und sein Rad nicht im Bikepark abstellt«, antwortete ich gereizt, »der hat selber Schuld, für den habe ich keinen Funken Mitleid!«

»So hart kannst du nicht urteilen«, behauptete Gerd in seiner unerträglich gemäßigten Sicht der Dinge.

Natürlich konnte ich das! Ich wollte sogar hart urteilen. Man musste die Dinge auch mal beim Namen nennen! Wir beendeten die Diskussion schließlich mit einem offenen Ende. Er blieb dabei, dass ich meine Urteilshärte mal überdenken sollte, und ich beharrte darauf, sie bestenfalls noch verschärfen zu wollen.

Auf jeden Fall nutzte ich die Gelegenheit des nahen Bikeparks, um mir mit einigen anderen Tourteilnehmern die vielen verschiedenen Räder anzusehen. Einen Tag vor der letzten Etappe der Jeantex/Tour-Transalp, einen Tag bevor sie uns das Finisher-Trikot überstreifen würden, einen Tag bevor wir unwiderruflich in den elitären Kreis der Radsportgiganten aufgenommen werden würden, war das natürlich kein Ansehen, wie man es bisher kannte. Nein, jetzt war es die Visite einer Schar zusammengerufener Chefärzte. Wir fühlten uns nicht mehr wie Freizeitsportler, die sich von der Technik begeistern ließen, wir waren die Kapazitäten, die über die Technik zu richten hatten. Wir waren die Fachleute der Branche, die in unerbittlicher Härte ihre Meinung kundtaten. Wir waren die Kenner, die Koryphäen, die Meister. Die Ingenieure der Radhersteller mochten in der Theorie ja viel belegen, uns aber oblag es, alles aus der subjektiven Sicht der Praxis zu zerreißen. Und so blieben wir auch nur vor Rädern im Wert von über 3000 Euro stehen und ließen auch die zum Teil nicht gut wegkommen. Detailschlamperei wurde der Wertung einiger Fahrräder zum Verhängnis.

Wir inspizierten zum Beispiel ein Scott CR 1 Team Issue. Rahmengewicht 895 g bei guten Steifigkeitswerten. Gabelgewicht 360 g. Sattelgewicht 135 g. Felgen Mavic Ksyrium SL, Gewicht 1500 g. Ausstattung Dura Ace 2004. Das Fahrrad kam auf 7 kg und hätte durchaus durch den TÜV kommen können. Wenn da nicht diese unglaubliche Schlamperei gewesen wäre! Der Typ hatte doch tatsächlich zwei stinknormale Trinkflaschenhalter angebaut! Zusammen wogen die ziemlich genau 120 g, man bekam aber schon Carbonhalter, die es zusammen auf nur 36 g brachten. Der Typ schleppte doch tatsächlich 84 g zuviel die Berge hoch!

Aber auch bei den anderen Rädern der Spitzenklasse entdeckten wir grobe Fehler. Zu schwere Sattelstütze, drittes Kettenblatt, zu zierlicher Vorbau oder hässliches Lenkerband. Es gab fast immer etwas auszusetzen.

Zugegeben, unsere Beanstandungen wirkten für Außenstehende vielleicht kleinkariert, aber wenn man schon so viel Geld für ein Rad ausgab, dann sollte es auch die Ansprüche unseres Sachverständigenrates erfüllen können.

Letztendlich kamen wir dann aber auf einen Punkt zu sprechen, der aus der Praxis war: Wir alle liebten Hightech! Jeder von uns begeisterte sich für ein 7 kg Carbonrad. Wir alle waren Leichtbaufans und ins Detail vernarrt. Wir kannten uns mit Tretlagersteifigkeit und STW-Werten wahrscheinlich besser als die meisten Profis aus. Wir saßen nicht wie normale Menschen auf dem Klo, wir studierten Fahrradkataloge, während wir das Unvermeidliche erledigten. Wir freuten uns mit jedem, der eine solche Rennmaschine besaß! Es gibt jedoch ein ganz großes Problem. Der springende Punkt in der Praxis ist: Wenn man nicht wirklich auf Platzierung fährt, wenn es nicht wirklich auf die reine Zeit ankommt, dann hat so ein Superrad einen riesigen Nachteil! Gegner für uns nicht um die vorderen Plätze fahrenden Sportler sind nämlich immer nur die zu sehenden oder die einem persönlich bekannten Kontrahenten. Wenn man also im Rennen ist, dann misst man sich immer mit dem Fahrer direkt neben sich. Und wenn dieser ein Hightech-Profirad fährt, dann hat er es ja wohl trotz seines Materialvorteils nicht geschafft wegzukommen. Also ist er eigentlich der Verlierer! Wenn man aber selbst auf so einem gigantischen Rad sitzt, dann fährt man fast immer neben Fahrern, die einen Materialnachteil haben. Dann ist man folglich selbst immer der eigentliche Verlierer.

Ich hatte mir schon oft Gedanken darüber gemacht und wunderte mich, dass es hier scheinbar alle so sahen. Des Weiteren fragten wir uns, ob so ein Hightechrad in der Praxis überhaupt einen spürbaren Geschwindigkeitsvorteil bewirkte. Einen gewissen Vorteil würde es schon bringen, da waren wir uns einig, aber handelte es sich vielleicht nur um Sekunden auf einer Etappe, oder machte das wirklich Minuten aus? Und wenn ja, wie viele Minuten fuhr man dann mit einem 7 kg schweren Rad schneller als mit einem 9 kg schweren Rad?

In der Ebene würde die Gewichtsersparnis schon mal keinen nennenswerten Vorteil bringen. Wenn, dann zahlte sich der Vorteil in den Bergen aus. Wenn man einen Berg hochfuhr, dann kämpfte man gegen die Hangabtriebskraft, den Luftwiderstand und gegen den Rollwiderstand.

In der Ebene ist der Luftwiderstand der mit Abstand größte Widersacher des Fahrers. Hangabtriebskräfte gibt es dort schließlich keine und der Rollwiderstand ist im Verhältnis zum Luftwiderstand fast zu vernachlässigen. In einem Anstieg aber wird der Luftwiderstand fast verschwindend gering, da man ja nur mit niedrigen Geschwindigkeiten fährt. Hier ist es die Hangabtriebskraft, die dem Fahrer zu schaffen macht. Betrachtet man nur diese Hangabtriebskraft, dann müsste man folgende Rechnung aufstellen können: Wenn ein Fahrer mit Rad und Ausstattung auf ein Gesamtgewicht von 97 kg kommt und einen imaginären Berg in genau 97 Minuten hochfahren kann, dann müsste ein Fahrer mit einem Gesamtgewicht von 95 kg es bei gleicher Leistung in 95 Minuten schaffen.

Danach müsste man einen Anstieg, wie zum Beispiel den zum Jaufenpass, tatsächlich mit einem hyperleichten Rad etwa zwei bis drei Minuten schneller hinauffahren können.

Der Luftwiderstand lässt sich allerdings nicht durch das Gewicht des Rades beeinflussen, und in wie weit der Rollwiderstand davon abhängt, ist schwer zu sagen. Die aufgestellte Rechnung wird so also nicht stimmen, aber vielleicht ist sie ein ungefährer Anhaltspunkt.

Auf jeden Fall philosophierten wir so über diese Frage und kamen zu dem Ergebnis, dass die Profis kaum so leichtes Material fahren würden, wenn sie sich dadurch keine Vorteile versprachen.

Ich nahm noch an der Besichtigung eines edlen Principia Rex e SX Pro mit Sattel aus Carbon und angemessenen Carbon-Flaschenhaltern teil, dann entfernte ich mich von der Visite und wandte mich meinem eigenen Rad zu. Man hatte ja fast schon ein schlechtes Gewissen, wenn man schon so viel gemeinsam mit seinem Rad durchgestanden hatte und nun anderen Rädern nachsah. Mein Red Bull Pro SL kostete nur 1390 Euro und kämpfte in den Rahmentests um die vordersten Plätze. Und das, obwohl die Konkurrenz preislich deutlich höher lag! Ich hatte an meinem Rad ja auch nie etwas auszusetzen gehabt. Zur Versöhnung nahm ich mir eine kleine Ausfahrt vor.

Der Bikeparkwächter bekam im Vorbeifahren meine Nummer in die Hand gedrückt, dann fuhr ich etwas ziellos in die Ortschaft hinein. Weit wollte ich auf gar keinen Fall fahren, also suchte ich in der Nähe nach irgendetwas Sehenswerten. Ich hielt vor einem kleinen Supermarkt und sah durchs Schaufenster hinein. Sofort fiel mir die Fleischtheke ins Auge. Fleisch! Richtig herzhaftes Fleisch! Ich ging hinein und entschied mich für so eine Art Zwiebelmett und Salamiwürstchen. Der Appetit kam mit dem Einkaufen, und so kaufte ich auch noch Brötchen, Senf und gekühltes Bier.

»Ach so kommt deine Leistung zustande!«, hörte ich jemanden von hinten sticheln.

Ich drehte mich um. Es war Christoph. Er war mit seinem Teampartner gut unterwegs. Die beiden waren nicht weit von einem Startplatz in Block A entfernt. Aber heute hatte ich sie am Manghenpass überholt. Sie waren dann in der Abfahrt wieder an mir vorbeigerauscht und ich bekam sie bis Levico nicht mehr zu sehen. Trotzdem war es ein kleiner Sieg für mich.

»Was war denn mit euch los? Hattet ihr einen Schleicher?«

Christoph lachte.

»Wir haben auf dich gewartet«, behauptete er, »wir wollten mal sehen, wie du so in der Abfahrt klar kommst. War ja nicht so berauschend!«

»Nun mal halb lang«, konterte ich und zeigte auf mein Bier, »ich war voll. Hab heute Morgen schon angefangen!«

Wir lachten.

»War aber schon ein ganz schönes Ding, der Manghenpass«, erinnerte er sich mit schmerzverzerrtem Gesicht.

»Den Furkelpass fand ich schlimmer«, gab ich meine Erfahrung dazu.

»Der Furkelpass!«, fuhr es ehrfürchtig aus ihm heraus. »Der Furkelpass war ja schon Körperverletzung!«

»Das war eine einzige Rampe!«, klagte ich an.

»Wie bist du denn mit dem Jaufenpass klar gekommen?«

Wir fielen von einem Thema in das andere, ließen unsere Erinnerungen Revue passieren und waren guter Dinge.

»Komm doch mit ins Camp«, schlug ich vor, »dann können wir zusammen mit Gerd ein kleines Bierchen trinken und was essen.«

Christoph stimmte begeistert zu.

Ich ließ mir alles in einen Karton packen und wir liefen damit voller Vorfreude und versunken in unser Gespräch zu unserer Unterkunft. Und auch Gerd war nach sechs Tagen reiner Kohlenhydratzufuhr sofort für herzhaftes Fleisch und kühles Bier zu begeistern. Das war zwar keine vernünftige Sportlernahrung, aber die letzte Etappe würden wir auch trotz einer Portion Unvernunft bewältigen können. Das Fleisch und das Bier brachten uns dann auch eine angenehme Bettschwere, und so schliefen wir in Levico bereits um 21:00 Uhr ein.

Ich lag zwar immer gerne tatenlos im Bett rum, aber ich war nicht wirklich als guter Schläfer zu bezeichnen. Und so passierte mir in Levico auch das, was ich schon so oft erlebt hatte, wenn ich zu früh eingeschlafen war. Ich wurde wieder wach. Gegen Mitternacht war es vorbei mit meinem Schlaf, und ich wusste aus Erfahrung, dass ich so schnell auch nicht wieder einschlafen würde. Es brachte nichts, sich darüber zu ärgern. Ich war ja sogar froh darüber, dass mir das nicht in einer der vorherigen Nächte passiert war. Selbst wenn ich keine Minute mehr schlafen konnte, würde ich doch in Garda ankommen. Nun konnte doch so gut wie nichts mehr meinen Tourerfolg gefährden.

Vielleicht ein Sturz, also nahm ich mir vor, besonders vorsichtig zu fahren. Ein technischer Defekt wäre nicht so schlimm, den würde der Reparaturservice beheben. Aber wenn ich das Fahrrad komplett kaputt fahren würde, dann bekäme ich Schwierigkeiten. Ersatzfahrräder gab es wegen der Hoteldiebstähle ja wohl keine mehr. DAS ADRENALIN SCHOSS MIR DURCH ALLE ADERN GLEICHZEITIG! Von einer Hundertstelsekunde zur anderen katapultierte sich mein Körper aus einer Art Halbschlaf in die absolute Hochleistungsbereitschaft. Mein Rad! Ich sprang in meine Hose, schlüpfte in die Schuhe und lief los. Noch bevor ich das Campgelände verlassen hatte, war ich die Möglichkeiten der Polizeibenachrichtigung, die verschiedenen Fundabgabeorte und die vielleicht doch noch mögliche Ersatzradbeschaffung im Geiste durchgegangen. Ich rannte die Straße einige hundert Meter hinauf, bog rechts ab und sah das Unfassbare: Vor dem Schaufenster stand in aller Seelenruhe mein Red Bull, genau so, wie ich es vor Stunden dort abgestellt hatte. Ich packte es an Lenker und Sattel, drehte es in die richtige Richtung und schob los. Ich hatte Glück gehabt. Ich hatte unglaubliches Glück gehabt! Mir war ja so viel Stress erspart geblieben! Mir war die Möglichkeit nach Garda zu fahren geschenkt worden! Ich atmete tief durch und dankte.

Der Wächter im Bikepark schien sich keine Gedanken darüber zu machen, warum ich erst an ihm vorbeigestürmt war und nun mit meinem Fahrrad vor ihm stand. Er gab mir teilnahmslos meine Nummer und wünschte mir eine gute Nacht.

Die würde ich haben, schließlich hatte ich mein Rad, eine Luftmatratze und einen Schlafsack. Gerd lag wie schon die ganze Woche mit seiner hauchdünnen Isomatte auf dem harten Boden. Bisher hatte ich kein Mitleid gehabt, schließlich hatte er mir schon vor Monaten erzählt, wie schrecklich es im Jahr zuvor auf der Isomatte gewesen wäre, und dass er dieses Mal eine Luftmatratze mitnehmen wolle. Allerdings machte ich mir jetzt so meine Gedanken darüber, wie es wohl dazu gekommen war, dass Gerd sein Vorhaben nicht in die Tat umgesetzt hatte. Vielleicht hatte er zu viele andere Sachen im Kopf gehabt und hatte das Schlafproblem einfach vergessen. Oder er hatte auf die Schnelle keine geeignete Schlafunterlage gefunden. Gerd war ein vielbeschäftigter Mensch, da war es nur verständlich, wenn man so was mal nicht geregelt bekam. Ich hatte da auf jeden Fall Verständnis für. Man soll nicht immer so hart über die Missgeschicke anderer Menschen urteilen, schließlich ist man selbst ja auch nicht gefeit vor Fehlern. Er tat mir jetzt sogar Leid, wie er da lag und die Rechnung für seine Vergesslichkeit bezahlen musste.

Im Nachhinein hatte Gerd damit die Diskussion über das harte Urteilen für sich entschieden. Aber davon, so nahm ich mir vor, würde ich ihm nichts erzählen.

7. Etappe: Levico – Garda

Gerd war Frühaufsteher. Um 5:30 Uhr hielt ihn nichts mehr im Schlafsack. Wenn ich dann eine halbe Stunde später die Augen öffnete, stand er bereits frisch geduscht und voller Tatendrang vor mir. Das entsprach seinem Lebensgefühl. Gerd wollte etwas unternehmen, Dinge entdecken, am Weltgeschehen teilnehmen. Gerd liebte das Leben und die Menschen. Ich hingegen war, wenn man mal vom Sport absah, das genaue Gegenteil von Gerd. Ich ruhte in mir selbst. Ich verbrachte Stunden damit, mir über das Leben Gedanken zu machen, fand aber häufig nicht den Antrieb, am gesellschaftlichen Leben teilzunehmen. Meine Arbeit und der Sport, das waren die Dinge, dich mich am realen Leben teilnehmen ließen. Ansonsten versank ich größtenteils in meinen Grübeleien.

Gerd hingegen suchte jede Gelegenheit, mit Menschen in Kontakt zu treten. Er war selbstständiger Unternehmer und ging seiner Tätigkeit mit einer gewissen Freude und Zielstrebigkeit nach. Außerdem hatte er mehrere Hobbys gleichzeitig. Er war nebenbei zum Beispiel auch noch Tauchlehrer und hatte ein großes Haus. Ich lebte in einer winzigen Wohnung und hatte Mühe, diese auch nur einigermaßen ordentlich zu halten. An den allermeisten Tagen sah es bei mir so chaotisch aus, dass ich niemanden mehr hereinlassen konnte. Gerd hingegen schaffte es sogar, den Rasen auf seinem Grundstück regelmäßig zu mähen!

Vielleicht war es das, was ich am meisten an Gerd bewunderte. Die Vorstellung zu entdecken, dass man dringend mal wieder den Rasen mähen müsste, und das dann auch wirklich zu tun, rang mir tiefsten Respekt ab. Und dann hatte Gerd auch noch eine Familie, mit der er Dinge unternahm und um die er sich sehr kümmerte. Und Gerd nahm seine Funktion als Familienvater durchaus ernst. Das erkannte man auch daran, dass er seine beiden Töchter ununterbrochen vor schlechten Einflüssen schützte. So hatte er es geschafft, dass ich die beiden in der langen Zeit, die ich ihn schon kannte, noch nicht einmal zu Gesicht bekommen hatte!

Einmal war ihm ein kleiner Fehler unterlaufen. Ich hatte ihn angerufen und seine jüngere Tochter hatte das Gespräch entgegengenommen. Sie hatte eine nette Stimme und wir scherzten ein wenig herum. In der Woche darauf erzählte Gerd mir dann ganz beiläufig von Blutfehden, und dass seine Vorfahren von ihrem Gerechtigkeitssinn getrieben irgendwelche Ritter mit Mistforken aufgespießt hätten, und dass er diesen Gerechtigkeitssinn auch in sich trüge und nicht wisse was wäre, wenn seine Töchter von irgendeinem Menschen ins Unglück getrieben würden und so weiter und so fort.

Ich verstand die Botschaft und akzeptierte sie. Für einen so lebenslustigen Menschen wie Gerd musste es eine grauenhafte Vorstellung sein, die eigene Tochter in den Fängen eines Miesepeters wie mir zu wissen. Es war Gerd schon hoch anzurechnen, dass er meine Antriebsschwäche akzeptierte, ja sogar so tat, als würde er sie für normal halten.

Während der Transalp hatte Gerd jedoch gewisse Probleme, meine Trägheit zu tolerieren. Denn während ich meine Augen um 6:00 Uhr nur öffnete um mal kurz zu gucken, ob irgendwelche weiblichen Teilnehmer in Unterwasche zu sehen wären, nutzte Gerd diese Situation sofort aus, um mich in lange Gespräche zu verwickeln. Es schien, als würde er ununterbrochen darauf achten, wann ich das erste Mal die Augen öffnete. Dann stieg er sofort in mein Bewusstsein ein und schaffte es innerhalb kürzester Zeit, mir ein schlechtes Gewissen einzureden, weil ich um 6:07 Uhr immer noch tatenlos auf meiner Luftmatratze lag.

Einen Ausweg aus dieser Situation fand ich im Roadbook. Sobald Gerd festgestellt hatte, dass ich nicht mehr schlief und damit begann, mir ein schlechtes Gewissen einzureden, schnappte ich mir mein Roadbook und inspizierte mit wichtiger Miene den vor uns liegenden Etappenverlauf. Ich drehte sozusagen den Spieß um und gab ihm das Gefühl vollkommen unprofessionell zu sein. Während er sich in seinem Erlebnishunger unwichtigen Dingen zuwandte, widmete ich mich in der armstrong-typischen Perfektion der einen wesentlichen Sache, für die wir hier waren – der Jeantex/Tour-Transalp. Und so ganz nebenbei konnte ich dabei auch noch liegen bleiben. Und wenn ich dann auch noch die Augen schloss, dann war das meine Form der mentalen Vorbereitung.

Am Morgen der letzten Etappe nahm Gerd mir diese Vorbereitung das erste Mal so richtig ab und stand erst gegen 7:30 Uhr wieder hektisch vor mir.

Und in der Tat wurde es jetzt wirklich Zeit! Ich schlang mein Frühstück herunter und packte eilig meine Sachen. Um 8:13 Uhr gaben wir unsere Taschen beim Gepäckdienst ab. Eigentlich sollte man das bis um 8:00 Uhr erledigt haben, auf Grund meiner Schläfrigkeit konnte das aber nichts werden. Die Jungs vom Gepäckservice nahmen unsere Verspätung ohne Vorwürfe hin, schließlich hatten sie Gerd als netten und kommunikativen Menschen kennen gelernt, dem man gerne mal etwas durchgehen lies. Wir stiegen aufs Rad und fuhren mehrere Kilometer bis zum Start.

Eigentlich hatte ich es in den vergangenen Tagen genossen, aus Block C starten zu müssen. Am Morgen der letzten Etappe aber ging es mir reichlich auf die Nerven. Ich schob mit meinem Rad an Block A und an Block B vorbei und reihte mich widerwillig in den mir zugewiesenen Block ein. Die meisten Fahrer aus Block B hatte ich in den letzten Tagen regelmäßig überholt, und trotzdem stand ich jeden Morgen hinter ihnen. Es würde mich unglaublich viel Zeit kosten von hinten zu starten, bildete ich mir ein. Ich wollte vorne mitfahren und Rennen im Endspurt gewinnen! Und so fuhr ich auch mit viel Wut in den ersten nur etwa vier Kilometer langen Anstieg hinein. Er war nicht besonders steil und kam meiner Fahrweise entgegen. Und im Gegensatz zu den Vortagen bekam ich meinen Puls fast spielend auf 170. So hatte ich am Ende dieser vier Kilometer wahrscheinlich schon mehr Fahrer überholt, als ich es sonst am ganzen Tag vermocht hatte. Schließlich fand ich Anschluss an eine leistungsstarke Gruppe, die mit fantastischer Geschwindigkeit auf den letzten Anstieg der Transalp 2004 zuraste.

Der Anstieg zur Berghütte Rifugio Graziani begann in Mori. 1405 Höhenmeter waren am Monte-Baldo-Massiv an einem Stück auf einer 23 km langen Bergstraße zu überwinden. Wir fuhren volles Tempo hinein. Direkt am Fuß, unmittelbar bevor die ersten schweren Kurbelumdrehungen begannen, stand dann einer der Offiziellen an der Straße und rief uns die magischen Worte zu:

»Acht Minuten zur Spitze!«

Er hatte uns die Worte zugerufen, aber er hatte mich gemeint. Er sagte nicht acht Minuten Rückstand oder acht Minuten verloren, er sagte acht Minuten zur Spitze! Das hieß so viel wie greif an und hol sie dir! Ich ging die Steigung direkt im Wiegetritt an. Acht Minuten zur Spitze, weit konnten sie nicht sein. Sie waren im selben Anstieg, sie kämpften sich genau wie ich hier hoch, und sie waren noch lange nicht oben. Wie oft holten die Favoriten der Tour de France die Ausreißer mit mehr als acht Minuten Vorsprung am Berg ein. Das ging! Ich pedalierte kraftvoll an einige Kontrahenten vorbei. Verdammt noch mal, vor einigen Monaten hatte ich mir die Transalp noch nicht einmal zugetraut, und jetzt spulte ich sie problemlos ab. Der Mensch begrenzt sich selbst! Spielend hätte ich doch schon letztes Jahr von Oberammergau nach Garda fahren können! Und dieses Jahr redete ich mir ein nicht gewinnen zu können! Ich konnte gewinnen! Ich hatte die Begabung dafür! Ich blieb im Wiegetritt und schaltete noch einen Gang hoch. Es ging! Ich konnte auch diesen Gang treten! Ich war schnell!

Meine Pulsuhr zeigte 173. Ich blieb im Wiegetritt und flog an zwei Kontrahenten vorbei. Das sind hier alles Topfahrer, sagte ich mir, die fahren acht Minuten hinter der Spitze, aber ich flieg an ihnen vorbei! Ich bin eine andere Liga! Ich hatte keine Lust mehr darauf, nur Mittelmaß zu sein! Ich spürte wieder die Wut, die ich morgens hatte, als ich in den Block C gehen musste. Wie war ich doch am ersten kleinen Anstieg an den Massen vorbeigezogen, und jetzt würde das hier weiter gehen!

Meine Pulsuhr begann zu blinken – 176. Ich hatte sie so eingestellt, dass sie bei 176 zu blinken begann. Ich hielt 176 für den Beginn des roten Bereiches, und so war das Blinken irrtümlich als Drehzahlbegrenzer gedacht. In diesem Bereich, so hatte ich bisher gedacht, könnte ich nicht lange bleiben, ohne zu sehr zu übersäuern. Jetzt wusste ich, dass ich das Talent dafür hatte, mit 180er-Puls den Berg hochzufahren. Instinktiv war das Blinken richtig eingestellt, nur war es kein Begrenzer, sondern ein Geschwindigkeitsvorgeber. Ich musste die Uhr nur am Blinken halten, dann würde ich automatisch nach vorn fahren.

Ich war es leid, mir immer wieder einreden zu lassen, dass man sich über die Jahre aufbauen müsste. Mochten sich die anderen daran halten, für mich galt das nicht. Ich war ein hochbegabter Fahrer, ein Phänomen des Radsports. Der Kopf entschied, und ich hatte ihn. Für eine kurze Zeit war weder vor noch hinter mir ein Fahrer zu sehen, dann hatte ich wieder einen vor mir. Er sah professionell aus, schlank und durchtrainiert. Ich fuhr jetzt wieder sitzend, brachte noch ein wenig mehr Kraft auf die Pedale und ließ seinen Vorsprung schmelzen. Ich hatte nicht vor, mich lange mit ihm aufzuhalten.

Auf der anderen Seite konnte es nicht schaden, wenn er ein kurzes Stück mit mir zusammen Tempo machen würde. Lange würde er es nicht durchhalten, aber zumindest so lange, bis ich am nächsten Fahrer dran wäre. Also musste ich ihn motivieren.

Ich erhöhte meine Trittfrequenz um ein oder zwei Umdrehungen. Es war nicht mehr so wie bei den vorherigen Fahrern, ich flog nicht an ihm vorbei, ich schob mich lediglich an ihn heran. Als ich auf gleicher Höhe war, brachte ich meinen Spruch: »Na, Kette ab?«

Er sagte nichts, und ich wartete auch nicht darauf. Ich gab jetzt alles, um vorbeizukommen. Es gelang. Zentimeter für Zentimeter. Er verschwand aus meinem Augenwinkel. Mir war klar, dass der alles tun würde, um wieder an mir vorbeizukommen. Er hing mir im Nacken! Ich hielt die Pulsuhr am Blinken, schaltete hoch und ging in den Wiegetritt. Bis zur nächsten Kehre würde ich die Zähne zusammenbeißen und ihm einige Meter abnehmen, dann konnte ich wieder einen kleinen Zahn rausnehmen. Die Kehre kam, ich suchte ihn vergebens mit einem Blick über die rechte Schulter, und entdeckte ihn dann zu meinem Schrecken links von mir im Wiegetritt. Er war nicht nur dran, er war neben mir!

Ich nahm keinen kleinen Zahn raus, ich legte einen kleinen zu. Eine Weile lagen wir auf einer Höhe, dann war er vorn. Ich biss mich an seinem Hinterrad fest. Ich konnte nicht verlieren! Ich hatte sein Hinterrad und würde es nicht mehr hergeben! Solange ich das Hinterrad hatte war nichts verloren!

Mein Körper wehrte sich. Ich musste ihn meinem Willen unterwerfen. Wenn ich das Hinterrad verlieren würde, dann war alles vorbei! Es ging nicht um Leben oder Tod, es ging um viel mehr. Ich biss. Nie hatte ich mich so gut gefühlt wie heute, es gab kein Zurück.

Mein Körper rebellierte, aber er war nicht schwach. Er forderte meine Willenshärte, entzog sich aber nicht dem Dienst. Vor mir lagen keine Kilometer mehr, ich konnte nur noch meterweise denken. Es gab keine Minuten mehr, es gab nur noch Sekunden und Augenblicke. Ich war voll am Anschlag.

Und dann nahm er endlich raus. Ruckartig. Er ging einfach zurück in den Sattel und verlor 2 oder 3 km/h. Ich blieb dran. Am Limit. 181er-Puls. Asthmaartige Geräusche beim Atmen. Brennende Lunge, schmerzende Beine und kribbelnde Arme. Ich blieb dran.

Er hielt das Tempo. Blöder Spruch! Wäre ich doch nur wortlos vorbeigefahren. Das Tempo war noch zu hoch! Sitzend dranbleiben ging nicht. Ich verlor in einem unkonzentrierten Augenblick einen Meter und brauchte eine harte Ewigkeit zurück. Ich hoffte darauf, dass er noch 3 km/h herausnehmen würde, aber er war zu motiviert. Wir waren die Welt. Ich musste ihn demoralisieren, dann würde er nicht mehr den Willen aufbringen, so in die Pedalen zu hämmern. Brille aufsetzen! Wenn er meine glasigen Augen sah, dann wusste er, wie es um mich bestellt war.

Ich kämpfte mit meiner Brille. Sie baumelte wie eine Kette um meinen Hals und ich brauchte sie eigentlich nur mit einer Hand aufzusetzen, aber der Verschluss des Helmes war im Weg. Ich ließ die Brille wieder fallen und erkämpfte mir den Meter zurück, den ich verloren hatte. Dann versuchte ich es erneut. Es hakte wieder, aber ich versuchte es weiter. Die Brille musste auf, sonst konnte ich nicht bluffen. Es ging. Zum hohen Preis von drei verlorenen Metern! Mich verließ fast der Mut. Drei Meter waren keine Kleinigkeit, drei Meter bedeuteten einen unendlich harten Weg bis zu seinem Hinterrad!

Er machte weiter sein Tempo. Sein Körper funktionierte scheinbar wie eine Maschine. Ich musste ihn demoralisieren, ansonsten würde er den ganzen Berg so hoch fahren. Ich war am Anschlag, aber irgendwo tief in mir drin war noch etwas. Der Körper hebt sich immer Reserven für besondere Situationen auf. Für lebensbedrohliche Situationen. Dieses hier war aber nicht nur lebensbedrohlich, hier ging es um viel mehr! Ich schaltete einfach hoch, ging in den Wiegetritt und legte die letzten Reserven rein.

Ich biss, ich kämpfte, ich ignorierte alle Warnsignale, und dann war ich dran. Aber ich begnügte mich nicht mit seinem Hinterrad, ich wollte mehr. Mir fehlte noch eine Radlänge, dann nur noch 80 cm, 70 cm, 50 cm, 30 cm, und irgendwann waren wir wieder auf gleicher Höhe. So wie vorhin, als ich ihn fragte, ob seine Kette ab war. Ich drehte meinen Kopf in seine Richtung und brachte es heraus:

»Herrtich!«

Ich erschrak vor meinem eigenen Zustand! Es lag in der Luft, ich hatte es gehört, und er hatte es gehört. Ich konnte es nicht mehr ungeschehen machen, er hatte dieses vollkommen saftlose »Herrtich« gehört. Für einen Moment schien er es zu ignorieren, dann sah er mir tief ins Gesicht. Ich hatte »Herrlich« sagen wollen, um meine gute Verfassung zu demonstrieren, was aber dabei herauskam war vielmehr ein »Fertich«. Ich hatte »Fertich« gesagt, und an der Art und Weise wie ich es gesagt hatte war eindeutig zu erkennen, dass ich fertig war. Ich hatte es nicht gesprochen, ich hatte es mit dem letzten Quäntchen Luft, das ich noch in mir hatte, ausgehaucht. Es war der letzte Laut eines Sterbenden gewesen, der seine letzten Reserven verbraucht hatte. Ich war platt. Ich war offensichtlich total platt! Ich war satt, stehend k.o. Ich kannte diese Szenen aus dem Boxsport. Es war der Moment, in dem der Ringrichter dazwischenspringt und dem taumelnden Boxer tief in die Augen blickt. Den bis dahin für unbesiegbar gehaltenen Mike Tyson war es gegen James Buster Douglas so ergangen. Der Referee winkte ab und redete sofort auf Tyson ein. »Ist gut jetzt, Junge«, wird er gesagt haben. »Du hast alles gegeben, aber für heute ist es vorbei. Ich nehme das auf meine Kappe«, so oder so ähnlich wird der Wortlaut gewesen sein. »Du hast nicht aufgegeben, du gehst aufrecht aus dieser Sache raus!«

Ich erwartete eine ähnliche Reaktion von meinem Kontrahenten. Der Radsport aber kannte keine Referees, der Radsport war gnadenlos! Er erkannte meine entsetzliche Lage und machte kurzen Prozess mit mir. Ein kurzes Lächeln, dann zog er im Wiegetritt davon.

Ich blieb auf dem Rad, konnte aber überhaupt kein Tempo mehr halten. Nichts ging mehr, alles war aus der Balance. Meine Lungenflügel brannten und meine Beine schienen zu explodieren. Ich hatte mich selbst in die Luft gejagt!

Wenn zu Beginn des Anstieges auch noch alles in bester Ordnung gewesen war, so war jetzt nichts mehr wie es sein sollte. Ich hatte alles riskiert und noch mehr verloren. Ich hatte meinen Körper meinem Willen ausgeliefert, und jetzt stand ich tief in seiner Schuld. Ich hatte mir eine besondere Begabung eingebildet und alles auf Sieg gesetzt, jetzt war ich vollkommen orientierungslos.

Ich war völlig übersäuert und hatte das Gefühl, wieder in Oberammergau am Start zu stehen. Mensch ärgere dich nicht: Gehen Sie zurück zum Start! Alle Probleme lagen noch einmal geballt vor mir. Meine Beine waren schwer und taten nur noch äußerst unwillig ihren Dienst. »Die bringen mich niemals mehr diesen Berg hinauf!«, schoss es mir durch den Kopf. Es konnte gar nicht mehr gehen, ich hatte da gar keinen Einfluss drauf! Die würden einfach aus Betriebsstoffmangel und Laktatüberfluss dicht machen. Es konnte höchstens noch 200 m funktionieren, dann war endgültig Schluss.

Aber ich war nicht mehr der Mensch, der in Oberammergau an den Start gegangen war. Ich dachte nicht mehr ans Aufgeben, ich konnte mir einfach nur nicht mehr vorstellen, dass ich oben ankommen könnte. Nur wusste ich, dass mein Wille niemals kapitulieren würde! Ich nahm einfach nur an, dass die Beine ihre Arbeit innerhalb kürzester Zeit restlos einstellen würden. Aber so, wie sie bei der ersten Etappe von Oberammergau nach Ischgl ihren

Dienst trotz drohender Krämpfe erfüllten, so brachten sie mich auch hier Meter für Meter den Berg hinauf.

Ich fuhr nur noch Schritttempo. Es schien mir sicherer zu sein, das Tempo vollkommen herauszunehmen. Jetzt zählte es nur noch, oben anzukommen. Die ersten Fahrer überholten mich nicht nur, sie deklassierten mich. Ich erinnerte mich an die Etappe von Ischgl nach Sölden, in der ich aus meiner Angst vor Krämpfen das Tempo herausgenommen hatte. Das hatte Gerd motiviert und mich demotiviert. Auch in dieser Etappe der Transalp musste ich mich quälen, aber ich tat es mit dem kraftraubenden Gefühl, es nicht für den Sieg, sondern gegen die Niederlage zu tun. Ich lernte aus meinen Fehlern und nahm wieder etwas Tempo auf. Nicht zu viel, aber so viel wie eben möglich war. Ich wollte im Rennen bleiben. Ich wollte nicht nur durchkommen, ich wollte auch etwas von meinem großen Vorsprung mitnehmen, den ich Gerd gegenüber zweifelsfrei herausgefahren hatte. Und so flogen die nächsten Fahrer auch nicht mehr vorbei, sie überholten mich lediglich.

Ich hatte keine Ahnung, auf welcher Höhe des Anstieges ich mich befand. Mir war es nicht einmal mehr möglich, mir den im Roadbook aufgezeichneten Streckenverlauf in Erinnerung zu rufen. Es war, als ließe ein akuter Sauerstoffmangel nur noch die wesentlichsten Funktionen in meinem Hirn zu. Aber der Wunsch nach dem Ende des Anstieges bedrängte mich. Sie war wieder da, die Hoffnung vor jeder Kehre, dass es doch die letzte sein möge. Die Hoffnung war aber nichts anderes als getarnte Niedergeschlagenheit. Hinter jeder Kehre lüftete sie ihre Schleier und setzte einem beim Blick auf die nicht endende Streckenführung zu. Ich aber konnte die getarnte Niedergeschlagenheit von der antreibenden Hoffnung unterscheiden. Ich hatte das am Jaufenpass gelernt. Ich erinnerte mich genau an die dritte Etappe von Sölden nach Brixen. Über das 2500 m hohe Timmelsjoch war ich noch gut gekommen, der endlos lange Aufstieg zum Jaufenpass hatte mich dann aber mental zerstört. Die ständige Hoffnung auf ein baldiges Ende und die daraus resultierende Niedergeschlagenheit hatten mich an den Rand der Verzweiflung geführt. Nun aber hatte ich dazu gelernt. Ich schob die Hoffnung beiseite, ließ den Gedanken nicht mehr zu und machte der Schwäche in meinem Geiste eines klar: Sie könnten eine Straße den Himalaja hinauf bauen und mich auf den Weg schicken. Ich würde da hoch fahren. Ich würde tausend Kehren umkurven und dabei nicht ein einziges Mal diesen jämmerlichen Gedanken an ein Ende zulassen.

Merkwürdigerweise fanden meine Beine relativ schnell wieder zu einem gewissen Rhythmus zurück. Mein Körper aber zollte meiner zu schnellen Fahrweise auch weiterhin Tribut. Die Lunge schmerzte und ich fühlte mich müde. Es war, als würden mein Herz und meine Lunge nicht mehr genügend Sauerstoff zu den Organen transportieren. Mir war leicht schwindelig und in mir lauerte der Wunsch abzusteigen auf einen schwachen Moment meines Willens. Mein Wille aber hatte keine schwachen Momente mehr! Mein Wille war das letzte Mal am Furkelpass gebrochen worden und daran hart geworden. Ich erinnerte mich noch genau an den Furkelpass. Auch dort wurde mir in den steilen Anstiegen schwindelig. Ich glaubte es nicht schaffen zu können und kapitulierte schließlich. Wie sich herausstellte, lächerliche 300 m vor dem Pass! Im Nachhinein hatte ich mich maßlos über mich geärgert, würde ich doch ein Jahr auf eine Revanche mit dem Furkelpass warten müssen. Ein Jahr würde die Schmach der Kapitulation auf mir lasten.

Nun aber war die Chance zur Rehabilitation am letzten Anstieg der Transalp viel früher als erwartet gekommen. Ich würde hier niemals absteigen! Vielleicht würde ich vom Rad fallen, aber absteigen würde ich nicht! Egal was kommen würde, mein Wille würde nicht noch einmal kapitulieren! Mein Körper mochte schwach sein, mein Wille war es nicht! Mein Wille, das war ich, für den war ich verantwortlich, der zeichnete mich aus. Mein Körper war lediglich das Werkzeug zur Umsetzung meines Willens. Mein Körper war schwächer als der vieler anderer Radsportler. Mein Körper war nicht lange genug auf diese Belastungen vorbereitet worden. Der Körper unterlag den Gesetzen der Welt. Der Körper konnte nichts gegen physikalische und biochemische Gesetzmäßigkeiten tun. Mein Körper war entschuldigt. Für meinen Willen aber gab es keine Entschuldigung! Der Wille unterliegt nicht den Gesetzen der Welt. Der Wille ist etwas Himmlisches!

Und so war dann auch mein Gefühl, als ich irgendwann vor dieser Verpflegungsstation stand. Ich war oben! Ich war im Rennen geblieben und hatte gegen mich gesiegt. Es ist leicht gegen andere zu siegen, wenn man die besseren Waffen hat. Viel schwerer und wertvoller aber ist es, gegen sich selbst zu siegen. Der Mensch begrenzt sich selbst, ich aber hatte ein für alle Mal meine Grenzen verschoben.

Garda

Garda begann für mich mit dem ersten Blick auf den Gardasee noch hoch oben auf dem Monte-Baldo-Massiv. Die letzten 32 km waren nichts weiter als eine lange Abfahrt und jeder Ottonormalverbraucher hätte sie in Kauf genommen, um an den Gardasee zum Baden zu fahren.

In Garda ankommen war vor dem Beginn der Jeantex/Tour-Transalp mein großes Ziel gewesen. Ich hatte das Ganze nur auf mich genommen, um in Garda das Finisher-Trikot in die Hand gedrückt zu bekommen, und dann wollte ich damit so schnell wie möglich nach Hause, um überall damit gesehen zu werden.

Jetzt, in dieser letzten beinahe unendlichen Abfahrt mit Blick auf den Gardasee, mischten sich andere Gefühle mit ein. Es ging zu Ende. Morgen würden sie uns zurück nach Oberammergau fahren, und dann würde ich wieder ein ganz normales Leben führen. Ich hatte in den letzten sieben Tagen täglich gelitten, aber nicht einmal hatte ich mir mein normales Leben zurückgewünscht! Das normale Leben war mittelmäßig, und ich hatte nie verstanden, wie man sich für Mittelmäßigkeit begeistern konnte. Für eine Weile hielt ich Garda sogar für das größte Übel der Tour. Garda war der Spielverderber!

Allerdings stellte ich dann fest, dass ich schon länger keinen anderen Fahrer und keine Streckenbeschilderungen mehr gesehen hatte. Ich fuhr gerade mit 60 km/h den Berg herunter und hatte auf einmal das Gefühl, dass ich ihn auch gleich wieder herauffahren müsste. Ich befürchtete, dass ich irgendeine Kreuzung falsch genommen hatte und nun geradewegs in die falsche Richtung rollte. Allerdings war ich mir da auch wieder nicht so sicher, also rollte ich erst einmal weiter herunter. Aber der Gedanke daran, dass es gleich wieder aufwärts gehen könnte, machte mich fertig! Mir wurde schlagartig klar, dass ich das auf gar keinen Fall mehr wollte. Ich wollte einfach nur noch in Garda ankommen und mich nicht schon wieder einen Berg hoch quälen müssen! Noch einmal den ersten Gang einlegen und mit aller Kraft eine 70er-Frequenz zu treten, das war das Letzte, was ich mir erhoffte. Die Meter, die jetzt so mühelos an mir vorbeiflogen, wollte ich mir auf gar keinen Fall mit 10 km/h zurückerkämpfen müssen. Dementsprechend froh war ich, als von hinten zwei weitere Fahrer aufschlossen und mit hoher Geschwindigkeit auf Garda zusteuerten. Ich war richtig! Alles war wieder in Ordnung! Und so ganz nebenbei hatte ich durch den Schrecken begriffen, dass Garda gut war! Garda war unser Ziel gewesen, ohne Garda hätte ich mir das alles gar nicht angetan. Wir wollten nach Garda und das Wissen darüber, dass in Garda alles vorbei sein würde, gab uns die Kraft, die Etappen zu bestehen. Nur wusste ich nun am Ende der Transalp, dass Garda nicht das Wesentliche war. Ohne Garda hätte es keine Tour geben können. Ohne Ziel konnte es keinen Weg geben. Es war aber definitiv so, dass das Ziel das notwendige Übel war, um den Weg zu ermöglichen. Der Mensch muss Wege gehen, also braucht er Ziele.

Die beiden Fahrer hängten mich ab und ich war wieder allein. Die letzten 10 km ging es nur leicht abwärts, dafür kam der Wind vom Gardasee von vorn. Ich fuhr mit einem 140er-Puls und kam nicht besonders schnell voran. Es war verwunderlich, dass weder vor noch hinter mir Fahrer zu sehen waren. Ich wusste definitiv, dass ich richtig fuhr, aber ich konnte nicht glauben, dass sich die 800 noch im Rennen befindlichen Fahrer so zerstreut hatten. Ich legte die letzten zehn Kilometer mutterseelenallein zurück!

Die Zeitnahme war aus Sicherheitsgründen schon zwei Kilometer vor dem Ziel aufgebaut. Ich fuhr durch sie hindurch, nahm jetzt den Gang ganz raus und rollte durch die vielbefahrenen Straßen Gardas.

Die Stimmung kam im Ziel. Bei herrlichem Wetter, direkt am wunderschönen Gardasee, umgeben von glücklichen Gleichgesinnten, stolz auf die eigene Leistung und erleichtert darüber, dass alles gut gelaufen war, stieg ich vom Rad. Ich aß Baguette, Melonenstücke und frisch gekühlte Pfirsiche. Ich unterhielt mich mit Fahrern, die ich in der letzten Woche im Camp oder bei der Pasta-Party kennen gelernt hatte. Alle waren glücklich, stolz und erleichtert. Gerd kam ins Ziel. Glücklich, stolz und erleichtert.

Wir fuhren ins Camp, duschten und machten uns sogleich wieder auf den Weg in den Zielbereich. Wir gaben unsere Fahrräder ab. Sie wurden in Lkws verladen und würden in Oberammergau auf uns warten. Man trug uns immer noch den Hintern hinterher. Dann gingen wir an den Strand. Viele Teams waren dort und wir unterhielten uns mit einigen. Alle waren glücklich, stolz und erleichtert. Wir suchten uns einen Platz nach den üblichen Kriterien, die man am Strand so ansetzt: Keine Dicken in der Nähe und keine Männer, die besser als man selbst aussehen. Dafür natürlich absolut zufällig direkt neben jungen Häschen in viel zu knappen Bikinis. Auf jeden Fall hatte ich den Platz nach diesen Kriterien ausgesucht, und Gerd hatte sich nicht dagegen gewehrt. Wir plauderten ein wenig, gingen mit Sonnenbrille ins Wasser und schwammen ein wenig am Strand entlang. Warum Gerd das tat, wusste ich nicht, aber ich tat es der knappen Bikinis wegen.

Dann aßen wir mit einem anderen Team zusammen Pizza und tranken Wein. Als sich die Warteschlange gelichtet hatte, gingen wir hinüber zur Pasta-Party und aßen wieder. Wir wollten uns etwas gönnen. Wir wollten genießen. Wir wollten uns selbst für unsere Strapazen belohnen. Und an diese Belohnung wurde auch von offizieller Seite gedacht. Der Grund, warum ich hier war, der ursprüngliche Auslöser der ganzen Geschichte, trat in den Vordergrund.

Direkt am Seeufer, umrahmt von einer malerischen Landschaft, bekamen wir die Trikots der Jeantex/Tour-Transalp 2004 überreicht! Jedes einzelne Team wurde aufgerufen, reihte sich in die Schlange ein und empfing den Lohn für die erfolgreiche Teilnahme.

Ich streifte das Trikot über und in diesem Moment wurde mir endgültig klar, dass ich nun wieder ein normales Leben führen würde. Nun würde der Alltag mich zurückbekommen. Nun würde ich wieder in die große anonyme Masse der wohlstandsverwöhnten westlichen Welt eintauchen.

Nun war ich nicht mehr einer derjenigen, die sich im festen Willen, das Trikot zu bekommen, nach Garda quälten. Nun hatte ich das Trikot und war mit einem Schlage nur noch ein ganz normaler Tourist in Garda. Vor mir zeichnete sich das große schwarze Loch eines Lebens ohne Inhalt und Sinn ab.

Ich ging einige Schritte weiter. Jeder Teilnehmer wurde nach der Trikotübergabe vom Organisator der Tour persönlich verabschiedet. Ich reichte ihm die Hand, bekam eine Medaille überreicht und wartete gespannt auf seine letzten Anweisungen. Ich wartete auf Anweisungen wie:

»Am 27. September erscheinst du wieder in Oberammergau. Wir fahren dann eine andere Tour! In sieben Tagen nach Flensburg! Bring dich also in Form!«

Ich hätte mich in Form gebracht! Ganz gleich, was er mir für eine Tour angekündigt hätte, ich wäre darauf eingegangen. Ich hätte sie als persönliche Herausforderung angenommen und alles daran gesetzt, sie bestmöglichst zu bewältigen. Er hätte mir eine Tour im Winter ankündigen können, und ich wäre pünktlich und voll austrainiert in Oberammergau erschienen.

Ich wartete auf Anweisungen, die mir das Zurückfallen in meinen normalen Zivilisationsalltag unmöglich machen würden. Ich wartete auf Aufgaben, die mich voll und ganz in Anspruch nehmen würden.

Er ordnete aber nichts dergleichen an. Er sagte einfach nur: »Danke!«

Ich stutzte einen Augenblick, bedankte mich dann ebenfalls für die gute Organisation und kündigte mich für das nächste Jahr an.

Er nickte kurz, und damit war die Jeantex/Tour-Transalp endgültig vorbei.

Camp Transalp

Vor der Jeantex/Tour-Transalp hatte ich mir große Sorgen um unsere Unterbringung gemacht. Wenn man schon täglich vier oder fünf Stunden Höchstleistung bringen musste, dann sollten jedenfalls die Ernährung und der Schlaf optimal sein. Und eine Unterbringung im Camp schien mir keinesfalls die bestmögliche Lösung zu sein. Ich hatte die Bilder vom Vorjahr gesehen, und im Endeffekt war das Camp nichts weiter als ein überfülltes, unmenschliches Sammellager. Würde man Flüchtlinge so in Deutschland unterbringen, es würde für große Schlagzeilen sorgen. Und so war mir auch sofort klar, dass ich lieber 100 Euro mehr ausgebe und dafür meine gewohnte Privatsphäre gewährleistet weiß, als dass ich mir das antue. Gerd war es, der aus mir vorerst unerklärlichen Gründen darauf bestand, im Camp zu nächtigen. Ich versuchte ihn noch vom Gegenteil zu überzeugen, aber er ließ sich auf keine Diskussion ein. Ich solle ihm einfach vertrauen, forderte er und reservierte für uns eine Woche Würdelosigkeit.

Schon in Oberammergau schlichen sich in mein edles Wesen erste Zersetzungstendenzen ein. Die Sporthalle war für normale Zwecke zwar ausreichend mit sanitären Anlagen bestückt, hier aber mussten sie für 250 Campschläfer und zusätzliches Personal herhalten. Und das führte dazu, dass man nicht auf die Toilette gehen konnte, ohne dass mindestens eine Person vor der Tür stand und darauf wartete, das Abrollen der Klopapierrolle zu hören. Bevor man allerdings so weit war, hörte er zwangsläufig auch das, was so gar nicht zu einem erhabenen Menschen passte. Ich war in meinem Leben stets bemüht gewesen meine Umwelt glauben zu lassen, dass ich mit so niederen Dingen wie Stuhlgang nichts zu tun hätte. Hier aber wurde man auf Schritt und Tritt bewacht, und es gab eigentlich nur zwei Möglichkeiten, dieser Situation Herr zu werden. Entweder blieb man bis spät in die Nacht wach, um dann in aller Ruhe sein Geschäft abzuwickeln, oder man fand sich damit ab, dass man nun einmal wie jedes andere Tier auch über einen Verdauungstrakt verfügte, und dass dieser sich von Zeit zu Zeit mit einer imposanten Geräuschkulisse entleeren musste. Unter normalen Umständen hätte ich mich für die erste Möglichkeit entschieden. Da es hier aber um bestmögliche Regeneration, also auch um langen Schlaf ging, sprang ich über meinen Schatten und akzeptierte, dass ich ein Wesen aus Fleisch und Blut war. Spätestens in Ischgl hatte ich alle Hemmungen verloren und empfand schon die Schutzfunktion der Tür als Luxus.

Diese Verletzung meiner körperlichen Intimsphäre schlug sich in meiner seelischen Befindlichkeit nieder. Ich stumpfte ab. Ich verlor den Sinn dafür, etwas ganz Besonderes zu sein. Über große Zeiträume verlor ich sogar komplett das Bewusstsein für mein eigenes Dasein. Ich vergaß, mich nach meinen eigenen Gefühlen und Wünschen zu fragen und erlag dem Herdentrieb. Der Herdentrieb ist das Gegenteil der Selbstwahrnehmung. Man schenkt seine Aufmerksamkeit plötzlich dem Volk um sich herum und entwickelt sensible Antennen für dessen Befindlichkeit. Man beobachtet selbstvergessen die anderen Campschläfer und nimmt an deren Leben teil. Und ganz von selbst bewertet man alle Dinge auch danach, ob sie im Sinne der Herde sind.

Die Tatsache, dass wohl alle Bewohner der überfüllten Sporthallen mehr oder weniger diesem Herdentrieb erlagen, führte zu einem vorbildlichen Zusammenleben. Es war still und friedlich, voller Rücksicht und Eintracht. Und das war wohl auch der Grund dafür gewesen, warum Gerd unbedingt im Camp untergebracht werden wollte. Es war diese angenehme Ruhe vor sich selbst, die das Camp zu einem wohligen Zuhause werden ließ.

Bis zu der Nacht in Garda, in der es keine Jeantex/Tour-Transalp mehr gab und wir nur noch auf unseren Rücktransport nach Oberammergau am nächsten Morgen warten mussten.

Gerd und ich hatten die Abschiedsveranstaltung am Gardasee zeitig verlassen und uns früher als die meisten anderen Finisher schlafen gelegt. Spät in der Nacht riss mich etwas aus meinen Träumen. Zuerst vernahm ich nur ein allgemeines Schnarchen, von dem wir in den vorherigen Etappenorten verschont geblieben waren. Es war das Schnarchen der Betrunkenen. Dann hörte ich das, was mich wohl aus dem Tiefschlaf gerissen hatte. Jeder, der als Campschläfer an der Tour 2004 teilgenommen hat und in der letzten Nacht nicht mit drei Promille im Koma lag, hat dieses Geräusch noch immer in den Ohren. Es war dieses immer wiederkehrende, vollkommen rücksichtslose, nervtötende Husten.

Anfangs versuchte ich es zu ignorieren. Ich kroch trotz der Hitze in meinen Schlafsack und bemühte mich, die Welt um mich herum nicht zu bemerken. Das Schnarchen konnte ich so aus meinem Bewusstsein verdrängen, den Huster nicht. Er terrorisierte uns von kurzen Pausen unterbrochen mit seinem Hustenreiz und zeigte keinerlei Bemühen, seinen Geräuschpegel zu dämpfen. Er hustete nicht verstohlen in seinen Schlafsack hinein, er hämmerte es uns aus ganzer Brust schonungslos um die Ohren. Und zu allem Übel lag er auch noch ganz in meiner Nähe. Nach zehn Minuten war klar, dass das noch endlos so weiter gehen würde. Selbst wenn er zwischendurch immer mal wieder einige Minuten still blieb, so doch nur, um unsere Hoffnung auf Ruhe zu nähren und die Nerven mit der nächsten Attacke so richtig blank zu legen. Er tat, als wäre er allein auf der Welt und müsste auf niemanden Rücksicht nehmen. Seine vollkommen egozentrische und egoistische Existenz wurde für uns zum Psychoterror. Gedanken schossen mir durch den Kopf: Warum geht der nicht raus? Ich wäre schon lange draußen! Und wenn ich die ganze Nacht im Freien verbringen müsste, ich würde hier so nicht liegen bleiben. Was für ein Blödmann!

Jemand war aufgestanden und appellierte an den Huster, die Sporthalle zu verlassen. Der rührte sich nicht und forderte den um Ruhe Bemühten auf, sich um seinen eigenen Kram zu kümmern. Es kam zu einem Streitgespräch. Der Gute wurde lauter und ermahnte den Huster eindringlich nach draußen zu gehen, weil er über 200 Leute am Schlafen hindere. Der Störenfried entgegnete, dass der Kläger mit seinem Gerede ja selbst für Unruhe sorge. Die beiden gerieten heftig aneinander. Der Huster zeigte sich vollkommen uneinsichtig und der Jemand erwies sich schließlich als der

Klügere und verschwand. Trotzdem war ich ihm für den Versuch sehr dankbar. Ich selbst hätte das Problem niemals in so zivilisierter Form ansprechen können. Ich war zwar sehr redegewandt und diskutierte gerne und häufig über die verschiedensten Themen, aber dabei drehte es sich ja nicht wirklich um die Probleme. Debatten führte man, um seine Mitmenschen glauben zu lassen, man wäre ein kluger und moralisch hochwertiger Mensch. Debatten führte man der sozialen Stellung wegen. Hier aber lag ein ganz konkreter Missstand vor. Hier galt es nicht sich selbst darzustellen, sondern die Gemeinschaft von einem Übel zu befreien. Wenn der Huster sich aber auch nur im Geringsten um das Wohl der Allgemeinheit geschert hätte, dann wäre er ja schon selbst darauf gekommen, dass er das Feld räumen müsste. Dann wäre die Diskussion ja von vornherein gar nicht nötig geworden. Das Führen einer Debatte setzte doch schon voraus, dass zumindest eine der Parteien sich wichtig tun oder eine Sachlage zu ihrem eigenen Vorteil verändern will.

Eine weitere Hustenserie machte mir klar, dass es nur zwei Möglichkeiten der Problembewältigung gab. Möglichkeit eins war, dass ich den Huster ebenfalls auffordern würde, die Sporthalle zu verlassen. Da ich aber auf gar keinen Fall der Klügere sein wollte, setzte die Aufforderung den festen Willen zur Umsetzung des Geforderten voraus. Und dieser Wille war in jeder Zelle meines Körpers zu spüren. Im Grunde genommen würde die verbale Aufforderung nur Makulatur sein. Es drehte sich vielmehr darum, mit einer sachlich vorgetragenen Anordnung einen Widerspruch zu provozieren, um im nächsten Augenblick mit härtester Brutalität durchgreifen zu können. Ich bin ein besonnener Mensch, aber es gibt Situationen, in denen mir Gewalt als ein durchaus adäquates Mittel erscheint.

Er hustete laut und ungeniert in die Halle.

Ich stieg aus meinem Schlafsack, zog mir eine kurze Hose an und fand im Dunkeln auch meine Schuhe. Mein Körper war voll mit Testosteron. Ich war ein unglaubliches Kraftpaket. Eine unkontrollierbare Kampfmaschine. Ich hatte so viel Kraft in den Händen, dass ich problemlos Steine aus Mauern herausreißen konnte. Wenn ich es darauf ankommen lassen würde, dann konnte ich eine Hantelstange mit meinen bloßen Händen in zwei Teile zerbrechen und Autos in Parklücken heben. Niemand konnte sich mit mir messen. Ich konnte es mit einem ausgewachsenen Gorilla aufnehmen und einen zwei Zentner schweren Mann am langen Arm verhungern lassen. Und mit jedem weiteren Huster wuchsen die Kräfte in mir weiter an.

Der Gute kam zurück und fragte mich, ob ich mit ihm zusammen den Störenfried vor die Tür befördern würde.

»Weißt du«, antwortete ich ihm, »ich will den letzten Abend nicht in solcher Erinnerung behalten. Ich entscheide mich für Möglichkeit zwei.«

Ich schnappte mir meine Luftmatratze und meinen Schlafsack und verließ die Sporthalle durch eine kleine Nebentür direkt ins Freie.

Vor dem Gebäude war ein kleines Rasenstück, auf dem bereits zwei Dutzend Fahrer lagen. Ich suchte mir einen Platz und machte es mir bequem. Es war herrlich warm und ein sternklarer Himmel versöhnte augenblicklich mit dem Erlebten. Hier herrschte wieder diese disziplinierte Ruhe der vergangenen Woche und erinnerte mich daran, dass ich viele Gesichter der Jeantex/Tour-Transalp in Erinnerung behalten würde. Und jedes einzelne war mir sympathisch. Egal, wo sie herkamen, was sie machten und wie alt sie waren, uns alle verband diese Tour. Es war ein gutes Gefühl zu wissen, dass in einigen Tagen in mehreren europäischen Staaten und sogar in Israel Teile dieser Gemeinschaft wieder ihrem Alltag nachgehen würden.

Es war aber auch gut, dass dieses unsere letzte gemeinsame Nacht war. Schließlich hatten wir unser gemeinsames Ziel verloren und konnten unser Zusammenleben nicht mehr auf dem Fundament der gemeinsam zu bewältigenden Strapazen und Herausforderungen aufbauen. Und ohne das gemeinsame Ziel und das gemeinsame Fundament hört eine Gemeinschaft auf, eine solche zu sein. Und dann verkommt selbst das wohlige Camp der Transalp schnell zu einem explosiven Sammellager.

Der Patron (2)

Ich hatte einen anderen Führungsstil als Gerd. Ich war großzügiger, ließ mehr durchgehen und war volksnäher. Das lag wahrscheinlich daran, dass ich andere Pläne hatte. Mein Plan war dunkelblond, etwa 29 Jahre alt und Neuling im Radsport. Ich hatte sie gleich am Start gesehen. Gesehen ist schon nicht ganz treffend ausgedrückt, richtiger wäre zu sagen, dass ich sie am Start gefunden hatte. Ich hatte sie nämlich gesucht. Sie oder eine andere, ich hatte eine von ihrem Format gesucht. Einen anderen Grund hatte diese RTF für mich nicht. Ich befand mich in der Regenerationszeit nach der Tour und fuhr noch keine harten Einheiten.

Sie war mit ihrem Vater dort. Der wirkte etwas erfahrener, aber die beiden würden die 120 km bestenfalls mit einem 28er-Schnitt fahren. Ein 30er-Schnitt wäre für sie das Größte. Wenn sie mit einem 30er-Schnitt nach Hause kommen würden, dann wären sie glücklich, stolz und dankbar.

Und da kam nun meine Person ins Spiel. Ich ließ die guten Fahrer ziehen und modulierte eine Gruppe um die beiden herum. Ein Trupp von leistungsschwächeren Fahrern, die froh darüber waren, sich in meinen Windschatten hängen zu können. Normalerweise wechselte man sich in der Führungsarbeit ab, aber wir waren so langsam unterwegs, dass ich selbst vorne nur eine bessere Fettstoffwechseltrainingseinheit fuhr. Im Grunde genommen hätte ich mich für meine Leistung schämen müssen, aber das Vorteilhafte an diesen RTFs war, dass die Fahrer hinter mir keinen Vergleich hatten. Sie konnten ja nicht sehen, dass Kilometer vor uns Fahrer mit einem 39er-Schnitt unterwegs waren! Und eine Zeitnahme gab es nicht. Sie hatten als Vergleichsmöglichkeit also nur sich selbst, und ich war der Einäugige unter den Blinden.

Die ersten 55 km fuhr ich vorn und hielt das Tempo so, dass Schnitt 30 herauskommen würde. Die meiste Zeit fuhr ich dabei möglichst aufrecht sitzend, damit meine enorme Überlegenheit und mein Finisher-Trikot gut sichtbar waren. Ich kannte diese Situation. Ich hatte selber schon Hunderte von Kilometern gelutscht. Man fuhr einen persönlichen Bestleistungsschnitt und war dem da vorne dankbar dafür. Und da man nichts anderes zu tun hatte, beobachtete man den Führungsfahrer. Er war der Rudelführer. Der Silberrücken. Der Platzhirsch. Und für diejenigen, die das noch nicht zu hundert Prozent geschnallt hatten, stand es noch einmal ganz deutlich auf meinem Trikot: »Finisher – 7 Etappen – 835 km – 18 Pässe – 19 950 Höhenmeter«, in gut sichtbaren Buchstaben.

Ich kannte die Strecke. Ein langer Anstieg lag vor uns. Jedenfalls wirkte das für leistungsschwächere Fahrer so. Die Jungs vorne schalteten kurz zwei Gänge runter und surrten mit 32 km/h über das Ding herüber. Ich aber fuhr hinten und ich wusste, dass viele aus meinem Rudel keine zusätzlichen Reserven mobilisieren konnten. Mit Beginn des Anstiegs richtete ich mich auf, fingerte eine Banane aus meiner Trikottasche, schälte sie in aller Ruhe und kaute schön lange auf ihr herum. Dabei ließ ich meinen Blick ein wenig durch die Gegend wandern und genoss scheinbar in Gedanken versunken die Landschaft. In Wahrheit erhöhte ich den Druck auf die Pedale und zog das Tempo langsam aber stetig an. Im Augenwinkel kontrollierte ich während meiner gedankenversunkenen Naturbetrachtung dann immer wieder unauffällig mein Rudel.

Zuerst versuchten sie noch dran zu bleiben, dann vielen die ersten ab und sofort flog die ganze Gruppe auseinander. Ich fuhr weiterhin freihändig, suchte nach irgendetwas in meiner leeren Trikottasche und drehte mich erst oben angekommen um. Mein Puls lag jetzt auch bei 158, aber ich hatte einige Zeit, um ihn wieder herunterzufahren. Als sie wieder dran waren, fuhr ich annähernd wieder mit Fettstoffwechselpuls. Ich machte einen sozialen Gesichtsausdruck und achtete übertrieben darauf, dass jeder wieder Anschluss finden konnte. Das sollte in etwa so viel heißen wie: Oh, da hab ich euch ja mal ganz kurz vergessen und aus Versehen unser tolles Gruppenfahren kaputt gemacht.

Am nächsten Hügel passierte mir das Gleiche wieder. Ich ließ sie nach einer Weile wieder herankommen, fuhr aber nicht mehr vorn. Es hatte keinen Zweck, aus Rücksicht der Gruppe gegenüber biss ich in den sauren Apfel und winkte die Fahrer an mir vorbei. In Wahrheit drehte es sich für mich nur darum, endlich mit meiner Entdeckung ins Gespräch zu kommen. Ich wusste zwar noch nicht genau, wie ich es anstellen wollte, aber es würde sich schon eine Gelegenheit bieten. Und so war es auch. Glücklicherweise erwies ihr Vater sich als weitaus unbekümmerter, was den Schutz seiner Tochter anbelangte, als es bei Gerd der Fall war. Nicht nur, dass er es versäumte, mich von seiner Tochter abzuschirmen, nein, er lieferte sie mir praktisch sogar aus. Zielstrebig schob er sich neben mich und suchte das Gespräch.

»Das muss ja ein ganz schöner Hammer sein, diese Tour!«

»Welche Tour?«, fragte ich unwissend.

Er deutete auf mein Trikot.

Ich sah an mir herunter, als hätte ich viele solcher Trikots und müsste erst einmal feststellen, welches ich denn gerade tragen würde.

»Ach die Transalp«, stapelte ich flach. »Na ja, man rollt sich in den Tagen aber auch ein.« Ich wusste, dass er schon von selbst darauf kommen würde, dass das auf keinen Fall auf ihn selbst zutreffen würde.

»20 000 Höhenmeter!« unterstrich er den Hammer. »Das fahren die ja nicht mal bei der Tour de France!«

Da stimmte ich ihm zu.

»Und die haben auch noch Flachetappen dazwischen!«, fuhr er fort.

Ich hatte ihn in der Hand. Er sagte von sich aus all die Dinge, die ich mir aus gespielter Zurückhaltung zu sagen verbot.

»Seid ihr das ohne Ruhetag gefahren?«, fragte er fasziniert.

»Das fährt man so in einem durch«, antwortete ich betont bescheiden.

»Das ist ja unglaublich!«, stellte er fest.

Alles lief für mich. Er schien zu denken, dass er mir erklären müsse, welch unglaubliche Leistung ich dort vollbracht hätte. Er hatte mir das aus Versehen zu schnell den Berg hoch fahren doch tatsächlich voll und ganz abgenommen. Er hielt mich für einen bescheidenen und grundsozial denkenden Menschen. Ich war jedoch alles andere als bescheiden und sozial war ich schon mal gar nicht. Ich war ein oberflächlicher Mensch und all meine gespielten Feinfühligkeiten waren nichts weiter als Versuche, um an mein Ziel zu kommen. Und mein momentanes Ziel hatte die Evolution mir mitgegeben. Es drehte sich um die Verbreitung meiner Gene.

Wir hatten die Richtung gewechselt und fuhren gegen den Wind. Vorne konnten sie das Tempo nicht halten und die Geschwindigkeit fiel um einige Stundenkilometer ab. Ich übernahm für einige Minuten erneut die Führung, dann ließ ich mich zurückfallen, zwinkerte ihm kurz zu und wandte mich direkt an seine Tochter.

Die Kontaktaufnahme entwickelte sich prächtig! Schließlich fuhren wir hier mit einem Haufen alter Männer herum, und es war ihre Verpflichtung gegenüber der Evolution, sich an den Rudelführer heranzumachen. Natürlich verstanden wir uns auch unheimlich gut und entdeckten viele Gemeinsamkeiten. Sie sah viel zu gut aus, um sich nicht mit ihr zu verstehen, und ihre Figur drängte förmlich zum Aufspüren der Gemeinsamkeiten.

Sie wohnte in einer geschmackvoll eingerichteten Zweizimmerwohnung. Alles passte zusammen und war geschickt zu einer gemütlichen Einheit gebracht worden. Das Sofa im Wohnzimmer passte zu den Stühlen in der Küche, und der Fernseher schien der große Bruder vom Hängeschrank im WC zu sein. Es gab zwei Jackenständer. Einer unauffällig versteckt hinter der Tür für die Jacken und ein zweiter deutlich sichtbar und von einem Leuchter angestrahlt fürs Auge. Die wie beiläufig aufgestellten Papierkörbe in der Wohnung entsprangen alle der selben Kollektion, nur waren sie in Form und Größe ihrem Standort entsprechend augewählt worden. Der Bettbezug im Schlafzimmer passte zu den Gardinen und damit auch zu dem Sitzbezug ihres Bürostuhls. Alles war bewusst gesucht und gefunden worden. Nichts war zufällig in diese Wohnung geraten, nur weil sie es irgendwo gesehen und für gut befunden hatte. Es genügte nicht, dass ihr etwas zusagte, es musste darüber hinaus ins Gesamtbild passen. Und das, so nahm ich an, schloss mich mit ein.

Wir plauderten eine Weile über dieses und jenes und suchten nach Ansatzpunkten, die eine wertvolle Unterhaltung hergeben könnten. Es war schwierig. Die Situation war sehr gezwungen. Es war klar, dass wir uns mehr voneinander erhofften, aber erst einmal musste ja die Gesprächsbasis stimmen. Das ist wichtig, damit man sich nicht wie ein Tier vorkommt, das einfach seinen Instinkten folgt. Zuerst gilt es, eine angebliche Seelenverwandtschaft oder zumindest eine große Verbundenheit zu diagnostizieren, dann redet man ein wenig von großen Gefühlen und macht schließlich doch nur das, was auch zwei blöde Straßenköter tun, wenn sie sich zufällig über den Weg laufen und auch noch unterschiedlichen Geschlechts sind.

»Was machst du eigentlich beruflich?«, fragte sie beiläufig, während sie mir Sportlertee nachschenkte.

Oh, dachte ich, die ist auf etwas Längerfristiges aus! Die fragt sich schon, ob wir uns Kinder, ein eigenes Haus und jährlich zwei Urlaubsreisen leisten könnten. Außerdem will sie ihre Freundinnen beeindrucken und in einem riesigen Wagen zum gemeinsamen Einkaufsbummel fahren.

Ich erzählte ihr von meiner Arbeit und stapelte ein wenig hoch, um im Rennen zu bleiben.

»Guckst du auch so gerne Fernsehen?«, wechselte sie schlagartig das Thema.

Ich hasste Fernsehen! Meiner Meinung nach war der Fernseher nichts anderes als ein Lebenszeitklauer. Da lief doch nur Schwachsinn! Elendige Volksverdummung! Ich besaß schon seit zehn Jahren keinen Fernseher mehr!

»Ach ja«, sagte ich, »ich kann beim Fernsehen ganz gut abschalten.«

»Ich auch!«, fuhr es aus ihr heraus. »Ich liebe die Talkshows am Nachmittag! Die sind zwar dumm, aber da kann man so viel über die Menschen lernen.«

Da hatten wir es! Die blöde Kuh bildete sich doch tatsächlich ein, dass sie beim stupide vor-der-Glotze-Sitzen auch noch klüger wurde! Ich hatte mal ein Interview mit Arabella Kiesbauer in einer Zeitschrift gelesen. Da behauptete die doch glatt, dass sie das Fernsehen demokratisiert hätte, weil bei ihr jeder so reden könne, wie ihm der Schnabel gewachsen sei. Solche

Frauen waren tatsächlich so einfältig, dass sie das vollkommen hirnlose Gequatsche irgendwelcher Trottel für Demokratie hielten.

»So dumm finde ich die Talkshows gar nicht«, wandte ich ein. »Es ist ja auch wichtig, dass jeder mal seine Meinung sagen kann, und dass die Leute lernen, Andersdenkende zu tolerieren.«

»Genau«, stimmte sie ein.

Die Toleranznummer kommt bei fast allen Frauen gut an. Vielleicht hat ihnen die Natur das ins Blut gelegt, damit sie den Nachwuchs mit mehr Wärme großziehen können. Vielleicht ist es häufig aber auch nur so, dass sie die Toleranz für sich selbst in Anspruch nehmen wollen.

»Ein Mensch kann ja nichts für seine Gefühle«, setzte ich noch einen drauf, »und jeder hat das Recht, seinen Gefühlen entsprechend zu leben.«

Sie war begeistert.

Allerdings befürchtete ich, zu weit auf die Softieschiene zu geraten. Also legte ich mir die Attitüde des entschlossenen Toleranzritters zu.

»Jeder hat die Pflicht, seinen Gefühlen entsprechend zu leben«, ergänzte ich, »und wenn ich eines nicht tolerieren kann, dann ist das Intoleranz!«

Sie lag mir zu Füßen. Für Frauen ist es wichtig, dass man Gefühle ganz hoch hängt. Wenn man Gefühle als entscheidenden Wegweiser im Leben anerkennt, dann kann Frau im April in Weiß heiraten und im Mai mit dem Fitnesstrainer ins Bett gehen und dem eigenen Mann dafür noch die Schuld in die Schuhe schieben. Schließlich kann sie doch für ihre Gefühle nichts, und wenn die sich nun mal so entwickelt hatten, dann trug er ja wohl auch die Schuld daran. Sie schien etwas zu vermissen, sonst hätte sie ja gar nicht das Bedürfnis gehabt, von einem anderen Mann geliebt zu werden. Er hatte ihr die Liebe vorenthalten! Er war das Schwein! Frauen bringen es auch fertig, ihre niederen Bedürfnisse zu Intuitionen hochzuspielen. Intuition hat so etwas Unantastbares. Einer Intuition muss man folgen.

Sie wagte sich weiter vor.

»Warum hast du eigentlich keine Freundin?«

Das war eine gute Frage. Warum hatte ich eigentlich keine Freundin? Das lag mit Sicherheit daran, dass ich keine Nähe ertrug und mich mit Frauen auch nicht besonders gerne unterhielt. Natürlich gab es Frauen, die charakterlich wertvoll waren, aber die waren selten und meist nicht besonders hübsch. Und wenn dann doch mal eine hübsch und charakterlich wertvoll sein sollte, dann stellte sich die Frage, ob die ihre Zeit ausgerechnet mit mir verschwenden würde.

»Ich warte noch auf die Richtige«, gab ich an.

»Ich auf den Richtigen«, stimmte sie ein.

Na prima, dachte ich, dann geht jetzt ja mit Sicherheit das Beziehungsgequatsche los.

»Du hattest aber schon eine längere Beziehung?«

Ich wusste, warum sie die Frage stellte. Auf der einen Seite war es ihr wichtig, dass ich schon Beziehungen gehabt hatte, damit andere Frauen mir bereits eingebläut hätten, wie man sich als Mann zu verhalten hatte. Auf der anderen Seite wäre sie aber auch gerne die Erste, die Wichtigste, die Einzige. Man verband diese beiden Punkte, in dem man vorgab, wenige unglückliche Beziehungen mit den falschen Frauen geführt zu haben.

»Ich hatte zwei Beziehungen«, gab ich an, »aber beide Frauen waren mit Sicherheit nicht die Richtigen für mich.«

Ich plauderte ein wenig aus meinem angeblich bemühten, aber erfolglosen Beziehungsleben. In Wahrheit hatte ich schon fünf furchtbare Verhältnisse hinter mir und war nur noch auf Oberflächlichkeiten aus. Frauen interessierten mich einfach nicht genug, als dass ich meine Lebenszeit für sie opfern wollte.

Sie schien meine Erzählungen für gut zu befinden und nahm mir den soliden Single ab.

»Aber was machst du denn so mit deiner ganzen Zeit?«, hakte sie ein und brachte das Gespräch damit auf das einzige Thema, das uns beide verband: den Sport.

Wir erzählten uns, wie wir zum Rennrad gekommen waren, und welche Sportarten wir vorher betrieben hatten. Im Grunde genommen hatte sie gar keine betrieben, aber sie war ein paar Mal mit dem Kanu gepaddelt und gab ihre Erfahrungen zum Besten. Dann kam sie zu mir.

»Nun erzähl doch mal von diesem Alpenrennen«, forderte sie mich auf.

Ich atmete auf.

»Die Transalp!« fuhr es freudig aus mir heraus.

Sie sah mich gespannt an.

Ich überlegte hin und her, um einen geeigneten Einstieg in das Thema Transalp zu finden, aber in meinen Erinnerungen war alles konfus. Ich begann ihr vom Furkelpass zu erzählen, dann von meinem gigantischen Sprintsieg. Ich begann eine Geschichte in Sölden und brachte sie durcheinander mit einer Geschichte in Brixen. Ich hielt die Unterkunft von Ischgl für die von Wolkenstein und erinnerte mich lediglich an drei Pasta-Partys. Ich sah viele einzelne Bilder vor mir, aber sie waren wie ein schlecht sortiertes Fotoalbum. Ich versuchte sie zueinander in Beziehung zu bringen, verlief mich aber ständig in Sackgassen. Ich brachte es in meinen Erinnerungen auf drei Regentage, reduzierte auf zwei und wurde dann unsicher, ob es überhaupt geregnet hatte. Ich sah viele verschiedene Gesichter und viele verschiedene Hinterreifen vor mir, konnte aber kaum eine Szene zeitlich und örtlich zuordnen. Die Transalp war gerade mal zwei oder drei Wochen her, und ich hatte sie schon halb aus meinem Gedächtnis verloren. Wahrscheinlich wäre ich aber auch zu keinem früheren Zeitpunkt in der Lage gewesen, die Transalp zu beschreiben. Vermutlich hatte ich in den sieben Tagen so im Augenblick gelebt, dass ich gar keinen Überblick über das Ganze bekommen hatte. Ich hatte den Wald vor lauter Bäumen nie gesehen.

»Und sonst so, außer Sport meine ich?«, fragte sie verschmitzt und riss mich aus meinen Erinnerungen.

Das war eine typische Frauenfrage. Sie wollte damit zeigen, dass sie erotisch aufgeschlossen war und sich gleichzeitig davon überzeugen, dass ich auf der einen Seite keine männliche Schlampe und auf der anderen Seite nicht völlig unerfahren war.

»Na ja«, antwortete ich geheimnisvoll, »wer kann das schon wissen?«

Geheimnisvoll wirken ist im Leben eine einfach zu handhabende und sehr wirkungsvolle Waffe. Ich ließ den Satz so stehen und befasste mich mit wichtigeren Dingen. Vielleicht sollte ich meine Erinnerungen mal aufschreiben. Einfach alles, was mir so zu den Etappen und den Zielorten einfiel, zu Papier bringen und es dann ordnen. Die Pasta-Partys, die Camps, die Zielbereiche, alles war ja irgendwo in meinem Gehirn gespeichert, nur müsste ich es einmal abrufen und richtig verarbeiten.

»Ich könnte mir schon vorstellen, dass du ein ganz Schlimmer bist«, schob sie hinterher.

Das Niveau des Gespräches stürzte auf den absoluten Tiefpunkt zu. Nicht nur, dass sie mich als potentiellen Versorger in Betracht zog, überdies sollte ich auch noch für ihre niederen Triebe verantwortlich sein.

»Du solltest dich vor mir in Acht nehmen!«, protzte ich halbherzig und erinnerte mich an die Pleiten, die ich mit der Damenwelt während der Transalp erlitten hatte. Ja, es gab doch so einige Anekdoten am Rande der Veranstaltung, die durchaus Erinnerungswert hatten. Auch die würde ich aufschreiben.

»Ich glaube nicht, dass ich das nötig habe«, konterte sie keck.

»Ach so«, brachte ich heraus und verlor mich in meinen Überlegungen. Ich würde die Erinnerungen an die bisher wohl intensivste Woche meines Lebens festhalten. Was wären all die Anstrengungen wert gewesen, wenn ich gar nichts mehr von ihnen wissen würde? Worin lag der Wert all der Erkenntnisse und Erfahrungen, wenn sie jetzt wieder meinem bequemen Leben zum Opfer fallen würden? Nein, ich wollte etwas in den Händen halten, was mir die Tour auch noch im Altersheim ins Bewusstsein zurückholen würde. Mir war dabei gar nicht so sehr das Äußere wichtig, schließlich konnte man das ja problemlos mit Bildern oder Filmen festhalten. Für mich zählte das, was in mir und wohl auch in vielen anderen Fahrern vorgegangen war.

Sie sagte etwas und ich schaffte es nicht mehr darauf einzugehen.

»Hör zu«, beendete ich unser Treffen, »ich muss jetzt nach Hause fahren. Ich hab noch etwas zu tun.«

Sie wirkte vollkommen vor den Kopf gestoßen.

»Ich rufe dich an, sobald ich mit meinem Vorhaben fertig bin«, kündigte ich an und machte mich auf den Heimweg.

Epilog

Es ist schon komisch mit uns aufgeklärten Deutschen. So recht finden wir nicht mehr zusammen. Jedenfalls nicht die Männer mit den Frauen. Ich habe mit meinen dreiunddreißig Jahren immer noch nicht für Nachwuchs gesorgt. Und das trifft auf so gut wie alle meiner Jahrgangsgenossen zu. Wir sind eben die erste Generation, die den 68er-Geist so richtig verinnerlicht hat. Wir haben diese Lehre von freier Liebe und Selbstverwirklichung schon von Kindestagen an im Fernsehen verfolgt. Na ja, und das sind wohl nicht die richtigen Voraussetzungen für eine sich selbst erhaltende Gesellschaft. Wir Männer können uns ja noch vormachen, dass wir später einmal eine Familie gründen werden, für die Frauen fährt der Zug aber irgendwann unwiderruflich ab. In Deutschland gibt es tatsächlich die ersten Jahrgänge, die sich nicht mehr fortpflanzen. Wenn das so weiter geht, dann hat es sich bald mit uns erledigt. Die Deutschen, wird man dann einmal in den Geschichtsbüchern lesen, sind vom Individualismus ausgerottet worden.

So sehe ich die Entwicklung voraus. Ich selbst aber stehe trotzdem voll und ganz unter diesem 68er-Geist. Es ändert nichts, das zu erkennen. Man kann sich nicht davon befreien. Man ist in jedem seiner Gedanken durch diesen Geist beeinflusst. Der Zeitgeist meiner Entwicklungsjahre hat mich voll und ganz unter Kontrolle.

Obwohl, so ganz bin ich noch nicht verloren. Noch herrscht auch ein anderer Geist über meine Gedanken. Noch bin ich nicht nur von der Selbstsucht getrieben. Noch treibt mich auch eine andere Kraft an. Es ist der Sportsgeist, der in mir lebt. Der ist entschieden edler als dieser verweichlichte Wohlstandsgeist. Der soll mich ruhig noch viel mehr einnehmen. Der Sportsgeist lässt einen große Leistungen vollbringen und bringt einen dazu, sich mit Gleichgesinnten zu solidarisieren. Der Sportsgeist lässt einen aufrichtigen Stolz empfinden und führt einen geradlinig durchs Leben. Der Sportsgeist zeichnet einen Menschen aus.

Und der Sportsgeist ist es auch, der für mich eine Sache ganz klar sein lässt: Nächstes Jahr werde ich wieder in Oberammergau erscheinen. Und bis dahin werde ich alles mir mögliche tun, um weiter vorne mitmischen zu können. Bei der vergangenen Transalp sind zwar drei Viertel der Fahrer langsamer als ich gewesen, das Siegerteam hat mir in den sieben Tagen aber stolze sechseinhalb Stunden abgenommen. Im nächsten Jahr will ich dran bleiben. Mögen die Sportwissenschaftler auch behaupten, dass innerhalb eines Jahres keine gigantischen Leistungssprünge zu erreichen sind, ich werde alles mir mögliche tun, um das Gegenteil zu beweisen.

Für mich ist die Tour nun nicht mehr nur eine persönliche Herausforderung, für mich ist sie eine Angelegenheit höchster Priorität. Vor mir liegt eine gewaltige Aufgabe, die ich bestmöglichst erfüllen will. Vor mir liegt eine Mission. Vor mir liegt die nächste Jeantex/Tour-Transalp!

So, vielleicht werde ich sie jetzt anrufen. Die von der RTF meine ich. Sie wird mir natürlich vorwerfen, dass ich unzuverlässig wäre und mich wochenlang nicht gemeldet hätte. Aber ich habe ja gesagt, dass ich anrufe, sobald ich mit meinem Vorhaben fertig bin. Und das bin ich jetzt. Es ist schließlich alles aufgeschrieben. Von dem Abend, an dem Gerd mich zur Teilnahme an der Transalp überredete, bis zu meiner ersten RTF im Finisher-Trikot ist alles wahrheitsgetreu festgehalten.

Aber so ganz gewiss kann man sich mit der Wahrheit ja nie sein. Wer kann schon mit Sicherheit sagen, ob die Dinge wirklich so sind, wie er sie sieht – oder ob er sie nur so sieht, weil er sie so haben will?

Auf den folgenden Seiten
finden Sie weitere Literaturempfehlungen
für alle Fans des Radsports.

Spannende Abenteuer...

Bert Wagendorp
Der Prolog
Radsport-Roman

ISBN 3-89595-190-0

Der Favorit für den Prolog der Tour de France findet keinen Schlaf. Am nächsten Morgen muss er dieses wichtige Zeitfahren gewinnen. Zeit also für eine intensive Betrachtung, eine Meditation über die Höhen und Abgründe eines einzigartigen Sports der seine Adepten gern mit Haut und Haaren frisst...

Mart Smeets
Der Fluchtversuch

ISBN 3-89595-184-6

Frankreich im Juli: Der Radsport-Spezialist und Fernsehkommentator Stijn Miller hat zu einem kommerziellen Sender gewechselt. Täglich berichtet er von der Tour de France und kämpft dabei hart um seine journalistische Integrität. Gleichzeitig wird aus dem zufälligen Wiedersehen mit einer früheren Freundin eine leidenschaftliche Affäre, die sein Privatleben erschüttert...

DELIUS KLASING